ULLSTEIN

Das Buch

Der gesunde Menschenverstand ist die angeborene Grundlage der Erkenntnis. Er hilft uns, im Leben zurechtzukommen. Oft stellt er uns aber auch Hindernisse in den Weg: Manchmal nämlich gibt uns unsere Intuition falsche Antworten oder lässt uns Entscheidungen treffen, die bei genauem Hinsehen nicht wirklich klug sind. Dann stehen wissenschaftliche Erkenntnisse und gesunder Menschenverstand im Konflikt.
Ernst Peter Fischer zeigt uns in seiner *Kritik des gesunden Menschenverstandes*, warum manche Einsichten aus Physik und Biologie so schwer nachzuvollziehen sind und wie man einen Weg durch den Hindernislauf der Erkenntnis finden kann.

Die Autor

Ernst Peter Fischer, geboren 1947, studierte Mathematik und Physik in Köln sowie Biologie am California Institute of Technology. Er ist Professor für Wissenschaftsgeschichte an der Universität Konstanz und daneben als Wissenschaftspublizist tätig. Erst kürzlich erschien sein Bestseller *Die andere Bildung.*

Ernst Peter Fischer

Kritik des gesunden Menschenverstandes

Unser Hindernislauf zur Erkenntnis

Ullstein

Besuchen Sie uns im Internet:
www.ullstein-taschenbuch.de

Umwelthinweis:
Dieses Buch wurde auf chlor- und säurefreiem Papier gedruckt.

Ullstein Verlag
Ullstein ist ein Verlag des Verlagshauses
Ullstein Heyne List GmbH & Co. KG
1. Auflage Dezember 2002

Illustrationen: Cornelia Seelmann
Umschlaggestaltung: Thomas Jarzina, Köln
Titelabbildung: Thomas Jarzina, Köln
Gesetzt aus der Trump Mediaeval
Satz: KompetenzCenter, Düsseldorf
Druck und Bindearbeiten: Ebner & Spiegel, Ulm
Printed in Germany
ISBN 3-548-36406-3

Inhalt

Eine kleine Vorbemerkung 7

Kapitel I Die Irrtümer 9

Kapitel II Die Entstehung 35

Kapitel III Die Geschichte 77

Kapitel IV Die Kritik 129

Eine kleine Nachbemerkung 183

*Für Margareta Söhnen-Meder
und ihr Bücherschiff*

Eine kleine Vorbemerkung

Die menschliche Vernunft hat bekanntlich das besondere Schicksal, dass sie durch Fragen belästigt wird, die sie nicht abweisen kann, die sie aber auch nicht beantworten kann. Der menschliche Verstand hat nun das besondere Schicksal, dass er durch eine Tatsache belästigt wird, die er nicht ignorieren kann, die er aber – auf sich allein gestellt – auch nicht berücksichtigen kann. Diese Tatsache ist seine biologische Herkunft und Geschichte und mit ihr ist er ohne seine Schuld verknüpft.

Wir machen ihm deswegen keine Vorwürfe. Wir weisen aber auf einige Auswege hin. Eine Kritik des gesunden Menschenverstandes stellt das erwähnte Schicksal und die Möglichkeiten dar, mit ihm zurechtzukommen.

Dabei wird nicht tief geschürft und entsprechend kein hoher Anspruch erhoben. Unterhaltsam soll die Sache bleiben, denn allzu leicht wächst dort kein Gras mehr, wo ein deutscher Denker hingegrübelt hat. (Dort kann es auch keinen Newton des Grashalms geben.) Wo die Kritik des gesunden Menschenverstandes Platz findet, sollte eher das Gegenteil passieren. Dort sollte etwas aufgehen, zum Beispiel ein Licht.

Kapitel I

Die Irrtümer

Der gesunde Menschenverstand – so sehr wir ihn auch brauchen, um uns mit seiner Hilfe bei den praktischen Problemen des Lebens zurechtzufinden, in theoretischen Fragen leitet er uns oft in die Irre. Wie er das tut, sieht man am schnellsten und einfachsten an Zahlen und hierbei am besten an den Zahlen, die uns am meisten interessieren, an unserem Gehalt nämlich. Stellen wir uns einmal vor, wir bekommen eine Stelle angeboten, und unser Anfangsgehalt beträgt 40000 Euro im Jahr. Stellen wir uns weiter vor, der Personalchef der Firma bietet uns mit seinem bekannt freundlich neutralen Gesicht an, zwischen zwei Formen der Gehaltssteigerung zu wählen. Entweder, so sein Angebot, erhalten wir eine jährliche Steigerung von 1000 Euro, oder wir erhalten nach jeweils sechs Monaten 250 mehr.

Ohne zu zögern würden die meisten von uns, Finanzexperten und Anlageberater einmal ausgenommen, intuitiv die erste Art der Gehaltszulage vorziehen. Schließlich bekommen wir nach der zweiten Variante jährlich nur zweimal 250 Euro mehr, also offensichtlich nur die Hälfte der 1000, die der erste Vorschlag des Personalleiters uns als jährliche Zulage einbringen würde.

Und schon hätte uns der gesunde Menschenverstand – so wollen wir die Institution einmal nennen, die uns rasch nach dem Gefühl und ohne Reflexion bei Zahlen entscheiden lässt – in die Irre geführt. Dies zeigt sich sofort, wenn ohne Rücksicht auf Gefühle und Vorlieben nachgerechnet wird. Der Übersicht und Klarheit wegen vereinbaren wir, dass das Gehalt alle sechs Monate ausgezahlt wird. Was verdienen wir nach der ersten Variante? Im ersten Halbjahr bekommen wir 20000 Euro und im zweiten Halbjahr genauso viel. Im dritten Halbjahr zahlt uns die Firma 20500 Euro, ebenso wie sie das im vierten Halbjahr tut. Und so geht dies weiter. 21000, 21000, 21500, 21500, 22000... Und was verdienen wir nach der zweiten Variante? Im ersten Halbjahr erhalten wir 20000 (gleichviel), im zweiten Halbjahr steigt dieser Betrag dann auf 20250 Euro (also mehr), im dritten Halbjahr klettert er weiter auf 20500 Euro gleichviel), im vierten Halbjahr erreichen wir schon 20750 (also wieder mehr), und so geht es weiter: 21000 (gleich), 21250 (mehr), 21500 (gleich), 21750 (mehr)...

Offenbar verdienen wir nach der zweiten Variante nicht 500 Euro pro Jahr weniger als nach dem ersten Plan, wie wir intuitiv befürchtet hatten, wir verdienen im Gegenteil nach dieser Konstruktion in jedem zweiten Halbjahr 250 Euro mehr! Wer die Rechnung durchgeführt hat, sieht dabei auch, woran seine spontane und intuitiv getroffene Entscheidung gescheitert ist. Der halbjährliche Zuwachs von 250 Euro bedeutet eine Steigerungsrate von 500 pro Jahr. Sie wird uns aber zweimal gewährt und damit bekommen wir tatsächlich in diesem zweiten Schema ebenso wie im Rahmen der ersten Variante eine jährliche Zulage von 1000 Euro. Der Unterschied liegt jetzt nur noch darin, dass wir die Erhöhung im zweiten Fall immer ein halbes Jahr früher bekommen und also hierbei mehr verdienen.

Wenn wir uns an dieser Stelle großzügig eine Verallgemeinerung zutrauen, dann können wir aus diesem Fall eine Vermutung ableiten: Der gesunde und ohne weitere Reflexion operierende Menschenverstand lässt sich rechnerisch offenbar täuschen, wenn multipliziert (zweimal) oder geteilt und nicht bloß zusammengezählt werden muss. Nur beim Addieren nämlich kommt man mit seinen Fingern aus und mit denen ist der gesunde Menschenverstand vertraut.

Wir haben am Beispiel der Gehaltsaufbesserung aber auch sehen können, dass wir in der Lage sind, die naiven Fehler zu bemerken und zu korrigieren. Offenbar gibt es im Gehirn eine dem gesunden Menschenverstand übergeordnete Kontrollinstanz, die seine Fehler ausgleichen kann. Offizielle Sprache dieser unabhängigen Instanz könnte dann die Mathematik sein. Dies wollen wir jedenfalls einmal so vermuten.

Die Mathematik ist natürlich mehr als ein Kontrollorgan, wie sich leicht für den Fall demonstrieren lässt, in dem unsere Intuition überhaupt keine Lösung für ein Problem sieht. Es gibt da ein in unserer sehr sportlich ausgerichteten Gesellschaft fast alltägliches Problem, das sehr einfach aussieht, für das uns aber einfach keine Lösung ins Auge springt, bei dem unser gesunder Menschenverstand – mit anderen Worten – stumm bleibt. Wenn sich zum Beispiel 32 Spieler zu einem Tennisturnier melden, was ist die minimale Zahl der Spiele, die ausgetragen werden müssen, um den Sieger zu ermitteln?

Anders als bei der Frage nach der Gehaltssteigerung sagt unser gesunder Menschenverstand dazu einfach gar nichts. Solch eine Frage ist ihm völlig unbegreiflich, was uns Gelegenheit gibt, schon einmal auf die vorsichtig begründete Ansicht hinzuweisen, dass sich der gesunde Menschenverstand nur mit solchen Aufgaben befasst, die im Verlauf unserer biologischen Entwicklung von Interesse waren und gelöst werden mussten, um mit dem Leben zurechtzukommen.

Ein Tennisturnier zu veranstalten gehörte sicher nicht zu den Überlebensübungen, aber heute muss die Frage nach der Anzahl der Spiele allein schon aus organisatorischen Gründen und der Prämienberechnung halber gelöst werden. Und die Antwort ist mit einer mathematischen Überlegung sofort klar. Es müssen 31 Spiele ausgetragen werden, denn jeder Teilnehmer (bis auf den Sieger) muss ja einmal besiegt worden sein. In der Praxis geschieht dies durch das K.-o.-System. In der ersten Runde gibt es sechzehn Spiele, in der zweiten acht und in der dritten vier. Dies sind 28 Spiele, aus denen mit den beiden Spielen im Halbfinale und dem Endspiel gerade die erwähnten 31 Spiele werden.

Die konkreten Operationen

Bevor wir zu verliebt in die Beispiele werden, wollen wir versuchen, einige der verwendeten Begriffe etwas genauer zu fassen. Der gesunde Menschenverstand wird später noch eine genaue und sogar wissenschaftlich fundierte Definition erfahren. An dieser Stelle legen wir erst einmal noch etwas vage fest, dass darunter konkrete Operationen im Kopf zu verstehen sind, die ohne Komplikationen durchgeführt werden können. Beispiele dafür sind etwa das Zusammenfassen von Gegenständen zu Mengen (dem Ganzen) oder die Entfernung eines Teils aus einem Ganzen. Die formalen Rechnungen der Mathematik werden dabei ausdrücklich nicht mit in die Definition aufgenommen.

Wir werden in diesem Buch anstelle des gesunden Menschenverstandes manchmal auch den Begriff der Intuition verwenden. Das soll der Einfachheit halber völlig gleichwertig geschehen. Dabei wird gerne zugegeben, dass künstlerisch kreative Menschen unter Intuition etwas anderes verstehen – nämlich eine meist blitzartige Eingebung oder eine plötzlich auftauchende Klarheit. Wir bleiben dennoch bei der in diesem Rahmen eindeutigen Verwendung des Begriffs, und zwar vor allem deshalb, um die Attribute »intuitiv« und »antiintuitiv« zur Verfügung zu haben. Sie sollen Erkenntnisse bezeichnen, die mit dem gesunden Menschenverstand übereinstimmen oder ihm widersprechen.

Man kann an dieser Stelle weiter einwenden, dass das bislang Gesagte doch so gar nichts mit dem gesunden Menschenverstand zu tun hat, den wir im Alltag zu finden glauben und den etwa der polnische Dichter Andrzej Szczypiorski meint, wenn er die schöne Frau Seidenman in seinem gleichnamigen Roman dadurch einführt, indem er von ihr sagt: »... sie war eine Frau und hatte deshalb mehr gesunden Menschenverstand und Scharfsinn.« (Mir gefällt dabei vor allem das »deshalb«.)

Der Einwand hält aber nicht stand, denn schließlich meinen wir dabei ebenso wie der Dichter, dass es da etwas gibt, das wir ohne Erziehung und ohne Ausbildung haben, das uns die Natur mitgegeben hat und das wir nicht verlieren können, so wie der erschöpfte Arbeiter, der später in Szczypiorskis Roman darüber nachgrübelt, was ihm außer seinen Illusionen überhaupt noch geblieben ist, und sich selbst antwortet: »Der gesunde Menschenverstand.«

Wir haben ihn also alle und vermutlich haben wir ihn

alle in der gleichen Weise. Wir setzen ihn nur zu unterschiedlichen Zwecken ein. Die einen, um sich im Leben zurechtzufinden oder sich Vorteile darin zu verschaffen, die anderen, um das Leben zu verstehen. Wir kümmern uns hier nur um den gesunden Menschenverstand, der als Instrument der Erkenntnis eingesetzt wird, und wir werden sehen, wie oft dieser Versuch schief geht, ohne dass dies sofort auffällt. Es geht hier darum zu erkennen, was der gesunde Menschenverstand erkennen kann (beziehungsweise nicht erkennen kann). Dabei leuchtet ein, dass dies nicht mit dem gesunden Menschenverstand selbst möglich ist. Wir müssen den gesunden Menschenverstand etwas anders sehen, als es der gesunde Menschenverstand selbst tut. Wir müssen also vorsichtig vorgehen und uns dauernd vor den Fallen hüten, die er aufstellt.

Die falschen Mittelwerte

Kehren wir zunächst zu den Beispielen zurück, die unseren Verdacht belegen sollen, dass unsere Intuition versagt, wenn geteilt oder multipliziert werden muss. (Mathematisch gesehen, handelt es sich hierbei um Operationen, die nicht einfach sind, weil sie nicht linear sind.) Das erste hat wieder mit Geld zu tun. Wir stellen uns einen Obsthändler vor, der unter anderem Pfirsiche und Nektarinen zu verkaufen hat. Am frühen Morgen nimmt er entweder für zwei Pfirsiche oder für drei Nektarinen einen Euro. Im Laufe des Tages ärgert ihn diese Aufteilung mehr und mehr und er beschließt, es einfacher zu machen. Er mischt Pfirsiche und Nektarinen zusammen und nun kosten fünf Früchte aus dem Haufen zwei Euro. Dabei – so denkt der Händler – wird er ebenso viel verdienen, denn der Durchschnittspreis für eine Frucht ist doch gleich geblieben.

Er irrt sich aber, wie man leicht nachrechnen kann, wenn insgesamt jeweils 30 Pfirsiche und 30 Nektarinen zu verkaufen sind. Nach der ersten Preisgestaltung hätte der Obsthändler 15 plus 10 gleich 25 Euro eingenommen. Nach der zweiten Auszeichnung der Ware nimmt er nur noch zwölf mal zwei gleich 24 Euro ein.

Wo steckt sein Denkfehler? Der Händler hat angenommen, ein Stück Obst kostet im Durchschnitt immer 40 Cent. Schließlich, so denkt man ganz intuitiv, kosten fünf Früchte ja genau zwei Euro. Diese Rechnung trifft aber trotzdem nicht zu, denn Pfirsiche kosten 50 Cent pro Stück und Nektarinen kosten etwas mehr als 33 Cent pro Stück. Der Durchschnittspreis liegt somit über 40 Cent. Die erste und naive Überlegung wird falsch, weil eine Division im Spiel ist, die wir uns gradlinig denken – wir können intuitiv nicht anders –, und beim Teilen kann es leicht zu »krummen« Überraschungen kommen. Dazu sehen wir uns noch ein sehr vertrautes Beispiel aus dem Autoalltag an.

Stellen wir uns vor, wir machen eine Dienstreise von 200 Kilometern Länge – etwa von Köln nach Frankfurt. Auf der Hinfahrt herrscht wenig Verkehr und wir legen die Strecke in zwei Stunden zurück, schaffen also im Schnitt 100 Kilometer pro Stunde. Beim Heimweg geraten wir in einen Stau und so dauert die Rückreise zwei Stunden und 30 Minuten. Unsere mittlere Geschwindigkeit ist also auf 80 Kilometer pro Stunde gesunken. Intuitiv glauben wir nun, für die gesamte Reise eine Durchschnittsgeschwindigkeit von 90 Kilometern pro Stunde erreicht zu haben. Aber dies stimmt wieder nicht, wie sich leicht ausrechnen lässt. Insgesamt sind wir nämlich vier Stunden und dreißig Minuten unterwegs gewesen und in der Zeit haben wir 400 Kilometer zurückgelegt. Daher betrug unsere mittlere Geschwindigkeit nur etwas mehr als 88 Kilometer pro Stunde. So klein der Unterschied auch ist, wichtig bleibt, dass er überhaupt auftritt.

Wir können diese Differenz leicht vergrößern, wenn wir ein anderes Beispiel analysieren. Nehmen wir an, wir wollen mit unserem Boot zuerst vier Kilometer stromabwärts rudern und dann wieder zurückkommen. Wir nehmen weiter an, dass der Fluss sich selbst mit sechs Kilometern je Stunde bewegt und wir in ruhendem Gewässer acht Kilometer pro Stunde schaffen. Wie lange dauert unsere Hin- und Rückreise? Unser erster Gedanke – der gesunde Menschenverstand – sagt uns, dass der Fluss uns stromabwärts ebenso hilft, wie er uns stromaufwärts hindert, und dass wir insgesamt dann eine Stunde brauchen. Dies stimmt aber nicht. Denn allein für die Rückreise von vier Kilometern gegen den Strom brauchen wir zwei Stunden.

Wenn es ums Teilen und Multiplizieren von Zahlen geht, verliert der gesunde Menschenverstand anscheinend leicht den Überblick. Er wird unsicher oder verschätzt sich. Der Grund hierfür ist schon angesprochen worden: Diese Operationen verlaufen im Gegensatz zum Addieren nicht gradlinig (linear). Sie bringen raschere Änderungen mit sich und für die ist unser Verstand nicht gut genug eingerichtet. Zehn und zehn und zehn und zehn ist immer noch nicht mehr als vierzig. Aber zehn mal zehn mal zehn mal zehn ist schon zehntausend und zehn durch zehn durch zehn durch zehn ist nur noch 0,1 Prozent.

Wenn wir allerdings von den reinen Zahlen weggehen,

kann sich unser gesunder Menschenverstand auch dann schon irren, wenn es um das gradlinige Zusammenzählen geht. Wer zum Beispiel Wermut und Gin zu einem Martini mischen will, wird eine Überraschung erleben, wenn er es mit dem Volumen genau nimmt. Ein Liter Wermut und ein Liter Gin sind nämlich nicht zwei Liter Martini, sondern nur 1,9 Liter. Und überhaupt ergeben ein Liter Wasser und ein Liter Alkohol immer weniger als zwei Liter Flüssigkeit. Volumen addieren sich nämlich nicht einfach, wenn sich dabei die Moleküle der beteiligten Stoffe zusammenfinden und verbinden können. Moleküle aber sind keine alltäglich sichtbaren Dinge, für die unser gesunder Menschenverstand zuständig ist. Aus diesem Grunde gehören Moleküle und Atome auch zur Wissenschaft. Sie entziehen sich jeder direkten Anschauung und erfordern eine Abstraktion, um sie zu erkennen.

Die unanschauliche Grenze

Bevor wir in dieser Richtung weiter auf Irrtümer unserer Intuition stoßen, bleiben wir noch beim Zusammenzählen. Es scheint uns zum Beispiel ganz selbstverständlich zu sein, dass sich Geschwindigkeiten addieren. Wer in einem Zug, der sich mit 150 Kilometern je Stunde bewegt, sein Abteil verlässt und sich gemächlich (sagen wir mit einem Kilometer je Stunde) in Richtung Speisewagen begibt, bewegt sich doch offenbar in Fahrtrichtung mit insgesamt 151 Kilometern je Stunde und auf dem Rückweg dann mit 119 Kilometern je Stunde. Das stimmt aber – natürlich! – wieder nicht.

In diesem Fall lässt sich der intuitive Irrtum allerdings nicht durch eine einfache Rechnung erklären, in diesem Fall müssen wir auf eine physikalische Theorie zurückgreifen und uns darauf verlassen, dass sie die Wirklichkeit richtig beschreibt, soweit die Experimente dies tragen und bestätigen können. Die Theorie, um die es hier geht, ist die Theorie der Relativität, die Albert Einstein im ersten Jahrzehnt dieses Jahrhunderts formuliert hat. Wir brauchen gar keine Details dieser physikalischen Beschreibung von Raum und Zeit zu kennen, um zu verstehen, wie sehr die damit gegebene wissenschaftliche Deutung der Weit unserer Alltagserfahrung und damit dem gesunden Menschenverstand widerspricht.

An den Anfang seiner Überlegungen stellte Einstein die Annahme – sie ist für ihn eine Tatsache –, dass die Geschwindigkeit des Lichtes konstant ist. Das besagt, dass sich das Licht in alle Richtungen gleich schnell ausbreitet und dass die Lichtgeschwindigkeit nicht von anderen Bewegungen beeinflusst wird. Ob ich den erwähnten Zug in Fahrtrichtung oder dagegen durchstreife, das Licht, das zum Beispiel von meiner Nasenspitze reflektiert wird, breitet sich immer gleich schnell aus.

Für die Lichtgeschwindigkeit – die Physiker kürzen sie einfach durch den Buchstaben c ab, mit dem das lateinische Wort für Schnelligkeit beginnt – gilt also nicht mehr unsere naive Annahme, dass sich Geschwindigkeiten addieren. Was immer ich zu c hinzufüge, es ändert nichts. Offenbar ist die Lichtgeschwindigkeit eine obere Schranke. Kein Objekt kann sich schneller als mit c bewegen. Dieser Befund ist durch viele eindrucksvolle physikalische Experimente bestätigt worden und es gibt keinen vernünftig begründeten Zweifel mehr daran, dass er die physikalische Wirklichkeit richtig erfasst.

Hier treffen wir auf ein erstes Beispiel dafür, dass die

Wirklichkeit in mancher Hinsicht einfach anders ist, als wir denken. Vielleicht sollten wir in dem Fall besser von der Realität sprechen, denn in dem Hauptwort »Wirklichkeit« steckt das Verb »wirken«. Die Wirklichkeit wäre dann der Teil der Realität, der (etwa durch die Sinnesorgane) auf uns einwirkt. Und hierzu gehört die Lichtgeschwindigkeit nicht, denn sie ist viel zu groß, um von uns (ohne Instrumente) wahrgenommen oder registriert zu werden. Es ist nun diese Wirklichkeit allein, für die der gesunde Menschenverstand verantwortlich sein kann. Die andere kennt er ja gar nicht. Wir werden aber noch sehen, dass er auch hier in seinem eigentlichen Bereich überhaupt nicht souverän agiert.

Dies wird aber nicht die im Titel angesprochene Kritik des gesunden Menschenverstandes sein. Sie besteht vielmehr in der Behauptung, dass das Beharren auf intuitiven Einsichten dem Weg zur wissenschaftlichen Erkenntnis Hindernisse in den Weg legt. Wir beginnen die Realität erst zu erkennen, wie sie wirklich ist, wenn wir auf die Trägheit unserer Seele mit Namen »gesunder Menschenverstand« die Kraft der Vernunft einwirken lassen, um unser Verstehen auf den richtigen Weg zu bringen.

Die unendliche Masse

Um zu sehen, wie die Trägheit der Seele funktioniert und sich bleiern quer legt, bleiben wir noch ein wenig bei der unüberwindlichen Lichtgeschwindigkeit und fragen, was uns daran hindert, etwa eine Kugel immer schneller zu bewegen und die durch c gegebene Schranke zu durchbrechen. Die wissenschaftlich korrekte Antwort lautet zwar ganz einfach, dass es nicht genügend

Energie gibt, aber damit ist nicht nur gemeint, dass uns bei diesem Versuch irgendwann der Ölhahn zugedreht wird. Die Konstanz der Lichtgeschwindigkeit selbst hat nämlich ganz unanschauliche Folgen, gegen die sich der gesunde Menschenverstand sträubt. Eine Folgerung besagt, dass mit zunehmender Geschwindigkeit eines materiellen Objektes auch seine Masse ansteigt. Und dies tut sie sehr rasch. Je näher wir an c herankommen, desto schneller steigt die Masse und strebt schließlich gegen unendlich große Werte. Wird die Lichtgeschwindigkeit erreicht – so sagt die Theorie voraus –, wird die Masse unendlich groß. Das bedeutet: Ein materielles Objekt mit endlicher Masse kann sich immer nur langsamer als Lichtgeschwindigkeit bewegen.

Das theoretische Schema von Einstein ist somit zwar widerspruchsfrei, aber es hinterlässt in uns ein seltsames Gefühl. Irgendwie verstehen wir diese Welt nicht mehr und wir fühlen uns im Grunde betrogen. Wieso hängen Masse und Geschwindigkeit überhaupt zusammen, sie sind doch – in den Augen des gesunden Menschenverstandes jedenfalls – klar getrennt? Und wieso kann man den Zusammenhang nicht mehr intuitiv verstehen, wieso muss man erst immer wieder zu mathematischen Formeln greifen und diese dann anschließend interpretieren, um sie überhaupt erst verdaulich zu machen?

Auf die Frage nach dem Zusammenhang zweier Größen, die uns deutlich und unvereinbar getrennt erscheinen, werden wir noch ausführlicher eingehen, wenn wir darüber nachdenken, wie wir die entsprechenden Konzepte überhaupt erwerben. Dabei werden uns noch ganz andere Verbindungen überraschen, etwa die von Materie und Raum. Und die Frage nach der hilfreichen Mathematik können wir mit einem Hinweis auf die ersten Beispiele beantworten. Auch an ganz einfachen Problemen aus dem Alltag würden wir ohne rechnerische Rückgriffe scheitern. Offenbar haben Menschen mit der Mathematik eine Sprache erfunden, die der Realität angepasst ist und uns eigentümlich richtig darüber informiert. Wer dies akzeptiert, versteht auch, dass wir über die Realität nur durch das Medium der Mathematik und nicht durch unseren gesunden Menschenverstand informiert sind. Wieso dies so möglich ist, stellt eine ganz andere Frage dar, auf die wir noch eingehen werden und die an dieser Stelle noch keinesfalls beantwortet ist.

Die klassischen Probleme

Es ist zwar vor allem Einsteins mathematisch gefasste Beschreibung von Raum und Zeit, die den gesunden Menschenverstand beleidigt – vermutlich ist dies auch der Grund dafür, dass die Relativitätstheorie auch heute noch viele hartnäckige und zum Teil aggressive Gegner kennt –, aber sie ist nicht – wie man vielleicht voreilig denken könnte – die einzige physikalische Theorie, die unserer Intuition widerspricht. Im Gegenteil! Sogar der Stolz der klassischen Physik, die Newtonsche Mechanik, beschreibt die Bewegungen alltäglicher Körper anders, als wir sie uns gemeinhin denken.

Die dabei genommenen Irrwege unserer Intuition wurden in psychologischen Untersuchungen nachgewiesen, die wir hier im Folgenden ein wenig vorstellen wollen (1). Befragt wurden amerikanische Collegestudenten, die wir vom Alter und von der Ausbildung her mit deutschen Abiturienten oder Studienanfängern vergleichen können. Wichtig an dieser Personengruppe ist, dass sie bereits über physikalische Grundkenntnisse verfügt und die Newtonsche Theorie der Mechanik – das heißt ihre Formeln – kennt und anwendet – das heißt Aufgaben löst. Der zentrale Begriff dieser Lehre von der Bewegung heißt Trägheit. Damit ist die Tendenz (man könnte auch sagen: das Bestreben oder die Eigenschaft) eines physikalischen Gegenstandes gemeint, seinen gegebenen Bewegungszustand beizubehalten. Ein Objekt ändert seine Bewegung nur – so konstatierte Sir Isaac Newton im siebzehnten Jahrhundert –, wenn eine äußere Kraft dies verursacht. Sonst sorgt seine Trägheit – genauer: die Trägheit seiner Masse – dafür, dass er sich gleichförmig weiterbewegt.

Entdeckt wurde diese besondere Eigenschaft der Materie bereits von Galileo Galilei, der auch erkannte, dass es die Masse eines Gegenstandes ist, die das Maß für seine Trägheit angibt. Die träge Masse legt den Widerstand fest, den ein Objekt jener Kraft entgegensetzt, die an der Bewegung etwas ändern will.

So einfach sich das heute anhört, so schwer ist es doch einmal gewesen, diese Einsicht überhaupt zu formulieren. Dieser Deutung der Bewegung nämlich stand von alters her die höchste Autorität verkörpernde Auffassung von Aristoteles gegenüber, der zufolge sich ein Körper nur bewegt, wenn eine Kraft auf ihn wirkt. Jede Ortsveränderung braucht eine Kraft als Ursache. Ohne deren Wirkung ist nur die Ruhe möglich, wie man doch deutlich an einem Ball sieht, der liegen bleibt, solange niemand gegen ihn tritt.

Die Physik des Aristoteles ist einmal als die »Physik des gesunden Menschenverstandes« vorgestellt worden (2). Doch das ist sie nicht. Eine solche intuitive Physik, die diesen Namen verdient – das ist erst die Analyse der

Bewegung, wie sie im Mittelalter vorgenommen worden ist. Wir kommen gleich auf sie zu sprechen. Bei Aristoteles müsste man eher von einer »Physik des unmittelbaren Sinneseindrucks« reden, denn der vor allem hat es ihm angetan, was den großen Denker sympathisch macht. Aristoteles hat nämlich in erster Linie auf die Empirie (seine wahrgenommenen Erfahrungen) Wert gelegt und diejenigen mit Spott überschüttet, die der Sinneswahrnehmung nicht folgten und der Sinnesevidenz keine Beweiskraft zutrauten (2). Seine berühmte und heute oft hochnäsig belächelte Behauptung, dass schwere Körper schneller fallen als leichte Objekte, entstammt ja gerade der unmittelbaren und unkorrigierten Beobachtung. Man sieht doch mit eigenen Augen, dass ein Stein eher auf dem Boden aufschlägt als ein Blatt Papier zum Beispiel. Ebenso offensichtlich sieht man auch, dass eine Bewegung nur aufrechterhalten wird, wenn es dafür eine entsprechende Ursache, eine wirkende Kraft, gibt. Erst wenn diese Kraft verschwindet, kommt der in Bewegung befindliche Gegenstand zur Ruhe – so zeigt es jedenfalls der Augenschein.

Die überprüfte Intuition

Es hat mehrere Jahrhunderte gedauert, bis diese »Physik der Sinneswahrnehmung« überwunden werden konnte. Doch ganz vertrieben haben wir sie trotz aller historischen Fortschritte bis heute nicht. Dies zeigen die psychologischen Versuche, auf die wir bereits oben hingewiesen haben und auf die wir nun näher zu sprechen kommen wollen.

In diesen Untersuchungen wurden die mit klassischer Physik vertrauten Collegestudenten gebeten, den Weg zu beschreiben, den eine Kugel in einer gegebenen Situation zurücklegt. Wir wollen uns hier auf zwei Anordnungen konzentrieren. Einmal geht es um eine Person, die eine Kugel in der Hand hält, während sie läuft. Die Studenten wurden gefragt, wohin die Kugel fliegt, wenn der Läufer sie loslässt. Zum anderen geht es um eine Kugel, die an einer Schnur befestigt ist und im Kreis herumgeschleudert wird. Was passiert, so lautete hier die Frage, wenn die Kordel schlagartig zerreißt? In welche Richtung fliegt die Kugel dann davon?

Die Newtonsche Mechanik und der in ihr perfektionierte Begriff der Trägheit geben eindeutige Antworten, die die Studenten in einem Examen sicher auch gegeben hätten. Im ersten Fall – so hätte einer von ihnen sagen oder schreiben können – greifen zwei Kräfte an der Kugel an. Da ist einmal die Schwerkraft, durch die die Kugel nach unten auf die Erde gezogen wird. Und da ist zum zweiten die Trägheit, die die Kugel weiter in die ursprüngliche Richtung des Läufers fliegen lässt. Durch das Zusammenwirken beider Kräfte beschreibt die Kugel dann eine Parabel nach vorne in Laufrichtung (Abb. 1a). Und im zweiten Fall verschwindet durch das Zerreißen der Schnur die Kraft, die die Kugel auf ihre Kreisbahn zwingt. Übrig bleibt allein die Trägheit, die nur eine gradlinige Bewegung verursachen kann. Ihre Richtung kann dabei durch eine Tangente gefunden werden, die dort an den Kreis gelegt wird, wo der Faden reißt (Abb. 2a).

Die falschen Antworten

Im Rahmen der psychologischen Untersuchung gaben aber nur etwa die Hälfte (!) der Studenten die richtigen

Antworten. Im Fall der Kreisbewegung (Abb. 2b) glaubten 30 Prozent, dass die Kugel auch weiterhin einer gekrümmten Bahn folgen wird. Und die restlichen 21 Prozent gaben andere falsche Antworten (etwa dass die Kugel direkt vom Mittelpunkt der ursprünglichen Kreisbewegung wegstrebt). Im Fall der im Laufen losgelassenen Kugel (Abb. 1b) gaben über 40 Prozent der Studenten an, dass sie auf kürzestem Weg der Erde zustrebe und einfach senkrecht nach unten falle. Und etwas unter 10 Prozent der Probanden meinten sogar, dass die Kugel sich rückwärts orientiere und hinter dem Startpunkt aufschlage. (Ich habe diesen »Versuch« in einer Vorlesung wiederholt und die etwa 20 anwesenden Stu-

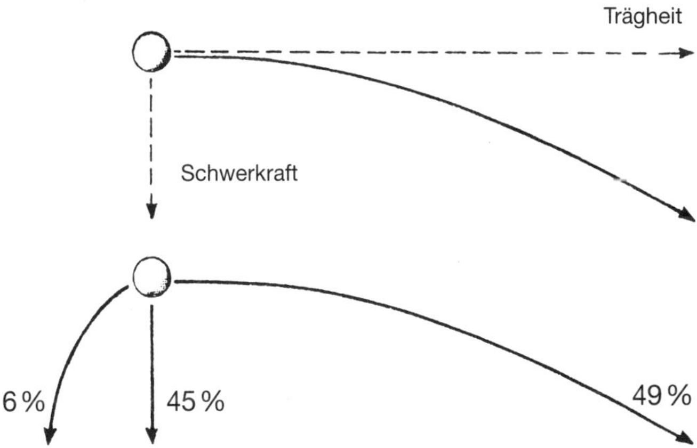

Abbildung 1: (a) Das Zusammenwirken von Schwerkraft und Trägheit sorgt dafür, dass ein Ball, der im Laufen fallen gelassen wird, eine Parabel nach vorne beschreibt. (Der Luftwiderstand wird dabei nicht berücksichtigt.) (b) Die Antwort der Newtonschen Mechanik (a) wird nur von 49 % der Studenten gegeben. 45 % meinen, der Ball fällt senkrecht nach unten, und 6 % glauben, der Ball kommt weiter hinten zu liegen.

denten der Biologie aus dem dritten bis fünften Semester nach der Bewegung eines im Laufen losgelassenen Balles gefragt. Das Ergebnis stimmte erstaunlich genau mit den veröffentlichten Daten überein. Es war die beste Näherung, die man mit ganzen Zahlen erreichen konnte.) Aus dieser Beobachtung unserer Psyche können wir nicht nur lernen, dass die Newtonsche Konzeption der Bewegung gegen unseren gesunden Menschenverstand vorgenommen werden musste, wir können auch lernen, dass unsere Intuition unbelehrbar ist. Selbst wenn wir die Gleichungen der Newtonschen Physik auswendig wissen und lösen können, ganz begreifen können wir sie nicht. Unsere Natur will davon einfach nichts wissen. Wir ahnen an dieser Stelle, wie unendlich schwer es für unsere Seele werden muss, die Relativitätstheorie anzunehmen, und an die Quanten-

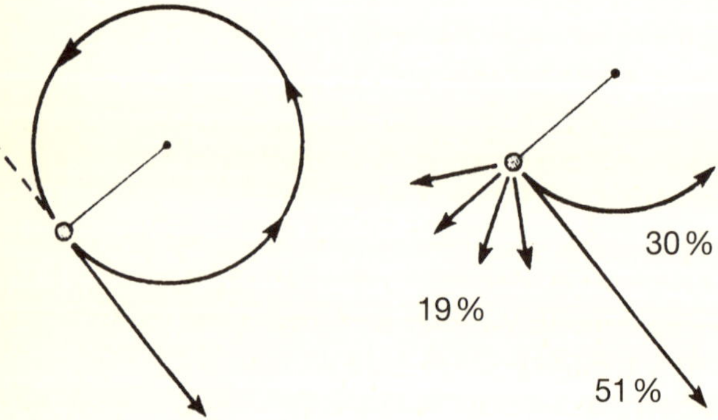

Abbildung 2: (a) Eine Kugel, die an einer Schnur im Kreis herumgeschleudert wird, saust tangential zum beschriebenen Kreis weg, wenn der Strick reißt. (b) Nur 51 % der befragten Studenten vermuteten richtig, wohin sich eine losgelassene Kugel bewegt. Viele (30 %) meinten, die Kugel bliebe auch ohne Schnur auf ihrer Bahn. Andere (19 %) glaubten, die Kugel fliege senkrecht fort.

theorie der Atome wollen wir an dieser Stelle gar nicht erst denken.

Dass das oben beschriebene Ergebnis kein Artefakt der Versuchssituation war, konnte dadurch demonstriert werden, dass man anderen Studenten einen Ball in die Hand gab und sie anschließend bat, mit ihm loszulaufen und so fallen zu lassen, dass er ein auf dem Boden liegendes Ziel traf. Wieder ließen die meisten den Ball erst in dem Moment los, als er sich über dem Ziel befand – wodurch er dieses dann natürlich verpasste –, und ab und zu liefen einige Probanden sogar erst über das Ziel hinaus, bevor sie den Ball losließen – wohl, weil sie vermuteten, dass er sich anschließend nach hinten begibt.

Der Leser kann an sich selbst testen, wie sein intuitives Verstehen von Bewegungen sich zu der Newtonschen Mechanik verhält, wenn er sich überlegt, wohin er einen Ball richten muss, den er im Laufen hochwerfen und wieder auffangen will. Zunächst denken die meisten Menschen intuitiv daran, den Ball nach vorne zu werfen (und nicht einfach senkrecht nach oben, wie es richtig wäre). Wenn sie dies tun, werden sie einen kräftigen Zwischenspurt einlegen müssen, um den Ball doch noch zu erwischen. Oder hier ist noch eine etwas schwierigere Aufgabe zur Selbstanalyse: Stellen Sie sich vor, Sie stehen in einem Garten und sehen, wie sich ein Apfel von seinem Ast löst. Sie haben zufällig eine faule Birne in der Hand und auf einmal reizt Sie der Versuch, das Fallobst zu treffen. Dabei stellt sich die Frage, wohin Sie zielen müssen: auf die Position, die der Apfel im Augenblick des Abwurfs einnimmt, oder auf die Position, die der Apfel dann erreicht, wenn Ihr Geschoss seine Flugbahn kreuzt? Intuitiv entscheiden sich die meisten Menschen für die zweite Möglichkeit – und haben dabei die Newtonsche Mechanik vergessen. Auch die faule Birne, die Sie werfen, macht nämlich die Fallbewegung mit. Sie zielen einfach auf den Apfel, wie und wo Sie ihn jetzt sehen, und nicht dorthin, wo Sie ihn später erwarten. So einfach kann manchmal auch das Schwierige sein.

Die innere Kraft

Die psychologischen Untersuchungen machten bei den Angaben über die Bewegung allein aber nicht Halt. Wer die Irrwege der Intuition erkunden will, interessiert sich natürlich auch dafür, mit welchen Begründungen die Studenten falsche Antworten gegeben haben. Dabei zeigte sich dann sehr deutlich, wie der gesunde Menschenverstand unserer wissenschaftlich geschulten Vernunft in die Parade fährt. Wer eine Bewegung diskutieren will, benutzt dazu am besten den Begriff des Impulses, der auch bei Newton die entscheidende Rolle spielt. Dieses Produkt aus der Masse eines Körpers und seiner Geschwindigkeit ist es eigentlich, das infolge der Trägheit unverändert bleibt, solange keine Kraft wirkt. Die Studenten hatten nun in ihrem Physikunterricht diesen Begriff Impuls kennen gelernt und folglich verwendeten sie ihn bei der Begründung ihrer Antworten. Als der Experimentator sie anschließend fragte, was genau so ein Impuls denn nun ist, erhielt er zum Beispiel als eine typische Antwort (1): »Es ist etwas, das ein Objekt weiterträgt, wenn die auf es wirkende Kraft aufgehört hat. Man könnte es die Bewegungskraft nennen. Es ist etwas, das den Körper in Bewegung hält.«

Dieser Student spricht zwar von einem Impuls, er denkt aber an etwas anderes. Er denkt an eine innere

Kraft, die zum Beispiel ein Leichtathlet einem Speer oder einem Diskus verleiht oder aufprägt und die das Geschoss in die Lage versetzt, weiter in die vom Werfer anvisierte Richtung zu fliegen. Mit anderen Worten, er denkt an einen Bewegungsantrieb, einen inneren Trieb, und dafür gibt es seit dem Mittelalter den Namen Impetus.

Es gab damals, genauer gesagt, sogar eine Impetustheorie, die als Kritik an der Erklärung entstanden war, die Aristoteles den Bewegungen gegeben hatte. Zu dieser Zeit wurde nämlich immer klarer, dass irgendetwas falsch an der Behauptung des großen Griechen war, dass ein Gegenstand sich nur dann bewegen kann, wenn eine äußere Kraft auf ihn einwirkt. Wie war es denn in diesem Fall überhaupt möglich, einen Stein in die Luft zu schleudern? Er fliegt doch weiter, wenn er meine Hand verlassen hat und meine Kraft ihn gar nicht mehr erreicht und lenken kann? Und wie konnte man in dem Fall überhaupt die Wirkung von Geschossen erklären? Schließlich wirkt doch die Wucht der Explosion nicht mehr, wenn die Kugel den Lauf verlassen hat. Die Impetustheorie überwand diese Probleme, indem sie den inneren Antrieb erfand, den der Werfer seinem Speer verleiht, eben den Impetus. Diese Impetustheorie – sie ist die Physik des gesunden Menschenverstandes.

Die Theoretiker des Impetus – allen voran der Franzose Jean Buridan im vierzehnten Jahrhundert, der auch den nach ihm benannten Esel erfunden hat, der zwischen zwei Heuhaufen verhungern müsste, wenn ihm keine Schwankungen auf die Sprünge helfen würden –, diese mittelalterlichen Physiker beschrieben etwa die Bewegung eines geschleuderten Speeres sehr anschaulich. Erst nimmt der Speer durch den Werfer den Impetus auf.

Dadurch kann er sein Gewicht überwinden. Im Verlauf der Bewegung entweicht der innere Trieb, er wird durch äußere Widerstände – etwa die Luft – aufgezehrt. Wenn der Impetus völlig verbraucht ist, stürzt der Speer zu Boden.

Wer wissen will, wie sich die Menschen im Mittelalter mit dieser Theorie die Bewegung einer Kugel vorstellten, die aus einer Kanone abgeschossen wird, sollte etwa an einen Federball denken, der zunächst steil nach oben saust und dann mehr oder weniger plötzlich seine Bewegung abbricht (der Impetus ist verbraucht) und zu Boden fällt. Ungeübte Spieler (wie der Autor) überschätzen dauernd die Distanz, die solch ein Federball zurücklegt, und vermuten viele Bälle bereits im Aus, wenn sie doch noch innerhalb des Spielfeldes zu Boden fallen. (Eine genaue Analyse von Bewegungen verlangt offenbar eine sorgfältige Berücksichtigung der Einflüsse durch die Luft. Wir wollen in diesem Rahmen davon absehen und in erster Näherung immer so tun, als ob der Luftwiderstand keine Rolle spielt. In den meisten Fällen des Alltags ist dies der Fall.)

Wie sehr diese anschauliche Theorie unseren gesunden Menschenverstand überzeugt, sieht man nicht nur am Beispiel des oben zitierten Studenten. Es gibt da auch einen ganz Großen der Geistesgeschichte, der dem intuitiv überzeugenden Charakter dieser Beschreibung Tribut zollen musste. Immanuel Kant nämlich. Er glaubte – zumindest in der Zeit, bevor er seine großen Kritiken schrieb –, dass eine Kanonenkugel ihre größte Geschwindigkeit erst erreicht, nachdem sie das Rohr bereits verlassen hat. Kant behauptete im Widerspruch zum Prinzip der Trägheit an einer anderen Stelle auch, dass jede Zustandsänderung eine Ursache von außen verlangt (3). (Noch eine kleine Anmerkung: Wer ganz genau sein will, muss die Wirkungen berücksichtigen, die von der heißen Gashülle ausgehen, die die Kugel mit sich schleppt, wenn sie das Rohr verlässt. Wir wollen annehmen, dass wir auch darauf verzichten können, ohne einen Fehler zu machen.)

Diese anschauliche und mit sehr lebendigen und organischen Bildern (»aufzehren«) hantierende Impetustheorie hat großen Erfolg gehabt und auch im Verlauf der Geschichte ihre Wirkung gezeigt. Selbst Galileo Galilei hat sich noch an dieses Konzept gehalten, um zu erklären, warum fallende Körper beschleunigt werden, und Leonardo da Vinci hat mit einem Kreisimpetus argumentiert, um die Bewegung von Objekten aus kreisenden Bahnen heraus zu erklären, wie sie etwa beim Diskuswurf auftauchen (4). Leonardo war davon überzeugt, dass ein abgeschleuderter Diskus seinen Antrieb mitschleppt und deshalb auf gekrümmter Bahn sein Ziel erreicht. Genau dies denken 30 Prozent der oben erwähnten Studenten auch heute noch, wie den Antworten auf die Frage zu entnehmen ist, die nach der Richtung fragt, in der eine im Kreis herumgeschleuderte Kugel entschwindet, wenn die Schnur reißt (Abb. 2).

Wir müssen uns im Folgenden um die Frage kümmern, wieso diese Impetusvorstellungen so intuitiv überzeugend sind und warum selbst solche Menschen die mittelalterlichen Vorstellungen der Bewegung kennen, die niemals Wissenschaftsgeschichte studiert haben. Die Vorstellung von einer inneren Kraft muss wohl biologisch entstanden und zu verstehen sein und genau dies zeigen auch die Ergebnisse der Entwicklungspsychologie, auf die wir im folgenden Kapitel zu sprechen kommen.

Bevor wir dazu kommen, möchte ich diesen Teil mit einer Art Treppenwitz der Physik abschließen. Nachdem ganze Generationen von Physikern und Physikpädagogen den Schülern und ihren Eltern beigebracht haben, dass schwere Körper ganz im Gegensatz zu der intuitiven Vorstellung von Aristoteles wirklich nicht schneller fallen als leichte Körper – beide müssen natürlich die gleichen Ausmaße haben oder sich in einem technischen Vakuum ohne spürbaren Luftwiderstand befinden –, nachdem man deswegen schon in allen möglichen Varianten Galilei am schiefen Turm von Pisa hat experimentieren lassen, behauptet eine moderne quantenphysikalische Analyse heute, dass Aristoteles doch richtig lag. Galilei hat offenbar nicht genau genug gemessen! Schwere Objekte fallen doch schneller als leichte Gegenstände (5)!

Allerdings ist der theoretisch abgeleitete Effekt sehr, sehr klein – er ist vor allem für große Objekte sogar unmessbar klein –, und seine Begründung hat selbstverständlich nichts mit den alten Vorstellungen zu tun. Die quantenmechanische Überlegung zeigt natürlich nicht, dass Aristoteles doch recht hatte. Sie zeigt nur, wie unendlich weit die moderne Physik vom gesunden Menschenverstand entfernt ist. Es stellt sich nämlich heraus, dass die Masse eines Gegenstandes eine Funktion seiner Temperatur ist. Allerdings nicht die schon erwähnte träge Masse, die den Gegenständen die Eigenschaft verleiht, sich Kräften wie der Gravitation zu widersetzen. Hier geht es um die so genannte schwere Masse, die gerade der Erdenschwere unterliegt (und sich ihr nicht widersetzt, sondern anvertraut). Die moderne Physik kann nun zeigen, dass sich oberhalb des absoluten Nullpunkts der Temperatur diese schwere Masse um einen ganz winzigen Bruchteil ändert, der von beiden Parametern (der Temperatur und der Masse) abhängt. Je kleiner die Masse und je höher die Temperatur, desto spürbarer die Wirkung. Sie bleibt allerdings auch bei winzigsten Massen lächerlich gering. Ein Elektron etwa würde bei Raumtemperatur um einen Bruchteil schneller beschleunigt – die Zahl liegt bei 10^{-17}(!) –, der um fünf Größenordnungen von dem messbaren Bereich entfernt liegt.

Wer immer noch meint, sich über Aristoteles und seine sinnliche Physik amüsieren zu können, der muss dies von nun an genauer begründen.

Literatur

1 M. McClockey (1983), *Irrwege der Intuition in der Physik,* Spektrum der Wissenschaft (Juni 83), S. 88–99

2 G. A. Seek (1975) (Herausgeber), *Die Naturphilosophie des Aristoteles,* Wissenschaftliche Buchgesellschaft Darmstadt; die Beiträge von G. Boas und I. B. Cohen

3 R. Calinger (1979), *Kant and Newtonian Science – the precritical period,* Isis 70: 349–362

4 A. Crombie (1959), *Medieval and Early Modern Science,* Doubleday Inc., New York

5 J. F. Donoghue und B. R. Holstein (1987), *Aristotle was right: heavier objects fall faster,* European Journal of Physics 8: 105–112

Kapitel II

Die Entstehung

Um es noch einmal zu sagen: Der gesunde Menschenverstand, der uns im Alltag hilft, klaren Kopf zu bewahren und im entscheidenden Moment richtig zu handeln, wird in unserem Rahmen nicht analysiert.

Hier geht es nicht um »vernünftiges« Handeln, das helfen soll, Probleme des täglichen Lebens zu meistern.

Hier spielen vielmehr Fragen des Erkennens eine Rolle und aus dem, was bisher erörtert worden ist, kristallisiert sich die Behauptung heraus, dass die damit gemeinte naive und direkte Sicht (Ansicht) der Dinge ein Hindernis ist, das uns den Weg zum wissenschaftlichen Erkennen oft erschwert und manchmal schlicht und einfach versperrt.

Um hier ein biologisches Beispiel anzuführen: Es leuchtet uns sofort ein, wenn jemand behauptet, dass das »richtige« Verhältnis der Geschlechter eins zu eins ist. Wir sehen das zum einen bei uns selbst und zum anderen steht es in der Bibel. Schließlich hat Gott Noah Folgendes befohlen (1. Mose, 6,19): »Und von allen Tieren, von allem Fleisch, sollst du je ein Paar in die Arche führen, um sie bei dir am Leben zu erhalten, ein Männchen und ein Weibchen sollen es sein.«

Auch mit einer »wissenschaftlichen« Überlegung leuchtet ein, dass es ebenso viele Männlein wie Weiblein geben soll. Dieses Verhältnis stellt sich als eine Art von Gleichgewicht ein. Denn wenn es in einer Population zum Beispiel weniger männliche Tiere gibt, steht einigen von ihnen mehr als ein Weibchen zur Verfügung und sie haben im Durchschnitt mehr Nachkommen. Als Reaktion hierauf wird es aber im Interesse der weiblichen Tiere liegen, mehr Söhne zur Welt zu bringen (dann haben sie mehr Enkelkinder), und damit gleichen sie die ursprünglich angenommene Unterzahl wieder aus.

Ein Blick in die Natur zeigt aber, dass das ausgeglichene Verhältnis keineswegs die Regel ist. Ein Geschlecht übertrifft vor allem dann das andere bei weitem an Zahl, wenn dieses nur unter großem Aufwand aufzuziehen ist.

Das bekannteste Beispiel sind die Rothirsche, bei denen es nur wenige Männchen gibt. Wie sie ihr von 1:1 abweichendes Verhältnis hinbekommen, bleibt unklar. Es zeigt nur in aller Deutlichkeit, dass hier mehr verborgen ist, als dem gesunden Menschenverstand (also auf den ersten Blick) ersichtlich wird.

Kehren wir zurück zu den angeschnittenen Fragen der Wissenschaftslehre – im Fachjargon verwendet man dafür oft das aus dem Griechischen abgeleitete Wort Epistemologie –, die eigentlich das Terrain der Philosophen ist. Allerdings deutet das Attribut »gesund« in unserem Thema nicht nur unübersehbar an, dass die Biologie hier etwas zu sagen hat. Es deutet darüber hinaus sogar an, dass einige Fragen der Erkenntnis ohne Einbeziehung der Biologie oder verwandter Wissenschaften überhaupt nicht zu lösen sind.

Die Philosophen vermeiden gerne die schöne Bezeichnung vom gesunden Menschenverstand und es könnte sein, dass sie dies deshalb tun, um den Gedanken an den genannten biologischen Anspruch gar nicht erst aufkommen zu lassen. Sie weichen dem animalischen Klang durch ein englisches Wort aus, durch den Common Sense nämlich. Und den definieren sie dann für uns als den Apparat, mit dem der Mann auf der Straße ausgestattet ist und seine Einsichten gewinnt. Ein »Philosophisches Wörterbuch« beschreibt den Common Sense entsprechend als »angeborene Grundlage aller Wahrheitserkenntnis« (1). Weiter erfahren wir aus dieser Quelle noch, dass es eine bestimmte philosophische Gruppe war – die so genannte Schottische Schule –, die im 18. Jahrhundert einigen modischen Strömungen des Denkens im Namen des gesunden Menschenverstandes entgegengetreten ist.

Kant hat sich übrigens über diese Philosophen des Common Sense geärgert und gegen sie polemisiert. In seiner »Prolegomena« schreibt er über die von ihm als »gemeinen Menschenverstand« bezeichnete Denkungsart, dass er eine »Nothülfe« sei, »eine Berufung auf das Urtheil der Menge; ein Zuklatschen, über das der Philosoph errötet, der populäre Witzling aber triumphiert und trotzig thut«.

Kant hält also wenig vom Urteil der Menge – bei ihrem Anblick entflieht ihm wohl der Geist –, aber es bleibt natürlich klar – und er formuliert dies sehr gewitzt –, dass der Common Sense etwas ist, das im Volk verwurzelt ist. Tatsächlich ist diese Idee zuerst genauso formuliert worden, und zwar von dem Neapolitaner

Giambattista Vico (1668–1744), der im Jahre 1725 ein Werk publizierte, das noch heute unter dem Namen Neue Wissenschaft (»Scienza Nuova«) bekannt und berühmt ist (2). Der genaue Titel des Buches von Vico lautet *Grundzüge einer neuen Wissenschaft über die Natur der Völker.* Vico versucht hierin, die innere Entwicklung der Völker nachzuzeichnen. Heute würden wir sagen, er unternahm damit den ersten Versuch, eine Ideengeschichte der Menschheit zu schreiben. Dabei fasste er den Begriff der Idee sehr weit (3). Seiner Vorstellung nach gehörte dazu unter anderem auch die Geschichte des Common Sense oder Senso comune, wie Vico den gesunden Menschenverstand nannte.

In Vicos Schriften finden wir aber nicht nur die Quelle des Begriffs Common Sense. Wir finden auch eine erste Definition dieser Konzeption, die wie für den gesunden Menschenverstand gemacht ist. Für Vico handelt es sich nämlich um »ein Urteil ohne alle Reflexion, allgemein empfunden von einer ganzen Gruppe, einem ganzen Volke, einer ganzen Nation oder dem ganzen Menschengeschlecht« (4).

Die angeborenen Eigenschaften

Was das ganze Menschengeschlecht besitzt, muss eine feste Grundlage im Leben haben, muss mit biologischen Begriffen oder Argumenten zu fassen sein. Dabei hilft uns allerdings der leichtfertig gegebene Hinweis auf eine »angeborene Grundlage« nicht weiter. (Im Grunde wurde dieser Begriff offensichtlich nach dem Rezept des gesunden Menschenverstandes gebacken.) Was heißt denn »angeboren« überhaupt, wenn es um geistige Leistungen geht? Wenn ein Kind auf die Welt kommt, hat es zwar ein bestimmtes Geschlecht – weiblich oder männlich –, und es hat eine bestimmte Hautfarbe – Schwarz oder Braun oder Weiß –, aber es kann zum Beispiel noch nicht sprechen, das muss es erst lernen. Geschlecht und Hautfarbe sind ihm sicher angeboren, seine Sprache aber ebenso sicher nicht. Angeboren ist ihm (und uns) in diesem Fall bestenfalls die Fähigkeit, eine Sprache (oder mehrere) zu lernen. Welche das im Einzelfall ist, hängt von den Menschen ab, mit denen wir aufwachsen. Und über die entscheidet manchmal nicht die biologische Verwandtschaft, sondern – etwa wenn Kinder adoptiert werden – mehr oder weniger der Zufall.

Ebenso wie die Sprache müssen wir die Strukturen, mit denen wir die Welt als Erwachsene begreifen und ordnen, erst noch konstruieren, während wir heranwachsen. Wir werden weder mit dem Konzept der Zahl noch mit Vorstellungen darüber geboren, wie Raum und Zeit aussehen und was Kausalität ist, um nur einige (allerdings wichtige) Beispiele zu nennen. Auch hier gilt wieder, dass wir »nur« mit der Fähigkeit auf die Welt kommen, diese Denkstrukturen – sie werden manchmal auch als Kategorien bezeichnet – zu erwerben, und zwar tun wir dies in einem offenen und spannenden Wechselspiel mit der uns umgebenden Welt.

Dabei hat die Natur uns (natürlich) so eingerichtet, dass bei der Ausbildung unserer Denkformen keine Konflikte entstehen. Wir werden ruhende Objekte nicht als bewegt und rote Äpfel nicht als grau erkennen. Keine Kategorie wird sich bilden, die uns konkret scheitern lässt und Schmerzen zur Folge hat. Mit anderen Worten, nicht nur passen wir uns die Welt an, wir passen uns auch der Welt an. Unsere offenbar natürlich angelegte (angeborene) Fähigkeit zur Bildung von Denkstrukturen erlaubt uns im Wechselspiel mit der Welt, uns in diese einzufügen.

Bei diesem adaptiven Spiel des Gehens und Nehmens entsteht zuletzt der gesunde Menschenverstand. Mit ihm werden wir als Erwachsene in die Welt entlassen und mit ihm finden wir uns in ihr zurecht. Wenn wir darüber hinausgehen und mit dem Common Sense noch die Wahrheit finden wollen, wird es problematisch. Denn wie ein Stein durch seine Trägheit in die vorbestimmte Richtung weiterfliegt, genauso bewegt die Trägheit unserer Seele unser Wissen stur weiter an den biologisch festgelegten Linien entlang, wenn die natürlich abgeschlossene Entwicklung unberührt bleibt und nicht anderweitig ergänzt wird. Und an unseren eingefahrenen Denkformen wird sich nichts ändern, wenn wir nicht mit den Mitteln der Vernunft oder auf andere Weise in nahezu wörtlichem Sinne neue Wege finden.

Die ergriffene Welt

Wie wir unsere wenigen angeborenen Denkfähigkeiten im Wechselspiel mit unserer wahrgenommenen Umwelt so umformen, dass dabei nach und nach die Kategorien des erwachsenen Mannes auf der Straße zum Vorschein kommen, hat seit den zwanziger Jahren unseres Jahrhunderts die Wissenschaft zu beschreiben begonnen, die heute unter der Bezeichnung Entwicklungspsychologie bekannt ist. Sie hat mit ihren eigenen und viel schöneren Worten »Das Erwachen der Intelligenz« untersucht und dargestellt, wie »Der Aufbau der Wirklichkeit beim Kinde« vollzogen wird (5).

So lauten nur zwei Titel der vielen Bücher von Jean Piaget, der vor allem das Werden des menschlichen Erkennens untersucht hat, das mit der Geburt beginnt und sich bis in das junge Erwachsenenalter erstreckt.

Piaget deutet das Erwachen der Intelligenz nicht als (passive) Entfaltung angeborener Anlagen und auch nicht als (ebenso passive) Prägung durch Wirkungen aus der Umwelt. Die geistige Entwicklung wird in seinen Augen durch einen inneren Antrieb (den Impetus) des Kindes ausgelöst, das bemüht ist, die Welt (aktiv) zu ergreifen. Angeborene Wahrnehmungs- und Handlungsabläufe werden bei ganz alltäglichen Dingen praktiziert, die auf diese Weise eingeordnet (assimiliert) werden und denen wir uns auf die gleiche Weise zuwenden (die wir akkommodieren). Um dies an einem ganz einfachen Beispiel zu illustrieren: Wenn wir durch unseren angeborenen Greifreflex einen neuen Gegenstand – etwa einen Schuh – zu fassen bekommen, fügen wir zum einen den Schuh in die Kategorie »greifbare Gegenstände« ein, und zum anderen passen wir bei dieser Gelegenheit unsere Greiftechnik den Besonderheiten der Schuhform an.

Ein Kind führt also zunächst konkrete Operationen aus, es ergreift die Gegenstände und mit ihnen seine Welt. Nach und nach lässt mit zunehmendem Alter die geistige Verarbeitung dieser Handlungen und ihrer Resultate ein formales Operieren zu, mit dem ein Kind die Gegenstände schließlich begreift. Wer griffige Formulierungen liebt, könnte den berühmten Satz von Karl Marx abwandeln, demzufolge das Sein das Bewusstsein bestimmt. Diese Formulierung bezieht sich nur auf Erwachsene und bedeutet in poetischer Präzision, dass erst das Fressen kommt und dann die Moral. Wir haben hier mit Kindern zu tun und die Entwicklungspsychologie stellt bei ihnen fest: Das Sein bedeutet nichts, das Handeln aber bestimmt das Bewusstwerden.

Jahrzehntelang haben Piaget und seine Mitarbeiter Beobachtung an Beobachtung gefügt und dabei die Überzeugung gewonnen und mehr und mehr gefestigt, dass wir als Kinder die Kategorien der Erwachsenen stufenweise erreichen. Die frühen psychologischen Untersuchungen haben vier Phasen der Intelligenz erkennen lassen, die wir durchlaufen müssen und die mit dem Lebensalter zusammenhängen (Abb. 3). Piaget hat sie in dieser Form vor allem in seinem Werk »Psychologie der Intelligenz« beschrieben, das zuerst 1947 erschienen ist, was zufällig dem Geburtsjahr des Autors entspricht und ihn daran erinnert, wie alt die Arbeiten von Piaget sind. Einige moderne Psychologen meinen sogar, sie sind veraltet, und das wird in vielen Details stimmen. Um sie brauchen wir uns aber nicht zu kümmern, da das Grundmuster eines stufenförmigen Erwachens nach wie vor Bestand hat.

Am Anfang – in den ersten zwei Jahren – zeigt sich eine so genannte sensomotorische Intelligenz. Alles Denken realisiert sich im Tun des Kindes. Dabei werden diese ersten Handlungen schon verinnerlicht und zu einer Art von Vorbegriffen gewandelt, die das anschauliche Denken ausmachen. Vermutlich steckt in dieser frühen Phase schon der Ursprung einer Eigenart unseres Denkens, die man als Dinghaftigkeit bezeichnen kann. In dieser sensomotorischen Phase bildet sich nämlich das Konzept eines Objekts heraus. Die krabbelnden Kleinkinder lernen, dass ein Gegenstand von Dauer ist. Gemeint ist damit, dass auch dann, wenn etwa ein Kamm aus meinem Blickfeld verschwindet und anschließend unter einem Tuch wieder auftaucht, es doch derselbe Gegenstand bleibt. Es gibt den Kamm selbst dann noch, wenn ich ihn gerade nicht sehe. Dies ist überhaupt nicht selbstverständlich und die Kinder wissen dies nicht, wenn sie geboren werden. Der Kamm, der unter einer Decke verborgen liegt, existiert nicht mehr. Kein Kind in diesem Alter käme auf die Idee, nach ihm zu suchen. Sie begreifen die Permanenz der Objekte erst am Ende der sensomotorischen Phase. Dann halten sie aber an ihr fest und nun haben wir die Idee fürs Leben.

Wer Kinder beobachtet, erkennt ihre unbewusste Fähigkeit, Objekte als dauerhaft zu verstehen, etwa

Alter	Periode	Beispiel
0 - 2	sensomotorisch	
3 - 7	präoperational (symbolisch und anschaulich)	
7 – 12	konkret-operational	
12 – 16	formal-operational	

Abbildung 3: Die vier Phasen der kognitiven Entwicklung in der Terminologie von Jean Piaget.

durch die Tatsache, dass sie anfangen, systematisch nach versteckten Objekten (z. B. einem Ball hinter einer Tür) zu suchen. Der Ball bleibt jetzt auch da, wenn er nicht gesehen wird. Der Eindruck der Sinne wird dabei zum erstenmal etwas zurückgedrängt. Das Denken und seine Strukturen schieben sich mehr und mehr in den Vordergrund. Die Wahrnehmung bleibt aber bei schwierigeren Situationen jetzt immer noch maßgebend, wie auf der nächsten Stufe erkennbar wird, die Piaget als Phase des symbolischen und anschaulichen Denkens bezeichnet.

Die anderen Dinge

Bevor wir hierauf näher eingehen, soll noch auf die Trägheit der Vorstellung hingewiesen werden, die schon als Dinghaftigkeit angesprochen worden ist. Offenbar lernen wir an unserem intellektuellen Anfang nicht nur die dauerhafte Präsenz von Objekten kennen, wir entwickeln dabei vermutlich gleichzeitig und etwas voreilig die Vorstellung, dass alle Objekte, die wir noch nicht gesehen haben, genau solche Dinge sein können wie die, die wir kennen. So wie eine Kugel, die ich nicht mehr sehe, ein Ding bleibt, so kann auch ein Atom, das ich noch nicht gesehen habe, ein Ding sein, eine kleine Kugel zum Beispiel.

Was wir zum Beispiel auch als Erwachsene nicht mit den eigenen Augen sehen können, sind die Energie, die Gene oder die Atome. Dennoch denkt unser gesunder Menschenverstand, dass es sich hierbei um Dinge handelt, die im Prinzip so funktionieren und miteinander in Wechselwirkung geraten, wie die alltäglichen Gegenstände dies tun. Aber Atome bestehen gerade nicht aus winzigen Kügelchen, die einander umkreisen – wir kommen auf die Besonderheiten der Atome noch zu sprechen –, und selbst wenn man für Energie bezahlen muss, so kann man sie doch nicht in die Tasche stecken oder anstreichen. Energie ist eben kein Ding, sondern ein Konzept, und selbst wenn ich sie präzise messen kann, weiß ich noch nicht zu sagen, was sie ist. Die Idee der Energie wurde im 19. Jahrhundert für die Physik (und den Betrieb von Maschinen) entwickelt, hat aber spätestens in unseren Tagen das öffentliche Bewusstsein erreicht. Hier erst traut man ihm eine konkrete Existenz und damit die übliche Dinghaftigkeit zu. Die Trägheit unserer Seele bewahrt sich allzugerne solche Haltepunkte in der Welt der Erkenntnis und man sollte – bzw. muss – Verständnis dafür haben.

Die konstante Menge

Der sensomotorischen Phase folgt – wie bereits erwähnt – im Alter von drei bis sieben Jahren die Stufe, auf der die Kinder lernen, mit Symbolen zu hantieren und anschaulich zu denken. Sie können nach und nach mit dem Gedächtnis argumentieren und Analogien verwenden. Das symbolische Denken beginnt oft mit einer Imitation, die dann mehr und mehr nach innen verlagert wird. Auf dieser Stufe kann die Sinneserfahrung immer noch das Denken besiegen, wie mit Hilfe eines berühmten Versuches demonstriert werden kann, der zuerst von Piaget durchgeführt worden ist (Abb. 4). Es geht dabei um Flüssigkeiten, die von einem Gefäß in ein anderes geschüttet werden. Dass dabei (von den üblichen winzigen Verlusten natürlich abgesehen) die Mengen erhalten bleiben, ist zwar für einen Erwachsenen selbstverständlich, die Kinder auf dieser Stufe der Entwicklung müssen diese Invarianz der Menge aber erst noch lernen. Wenn sie gerade vier oder fünf Jahre alt sind, lassen sie sich leicht von der Höhe des Flüssigkeitsspiegels – dies ist der vorherrschende Sinneseindruck – täuschen. Gießt man den Inhalt eines schlankeren Glases in ein breiteres Gefäß, denken Kinder in

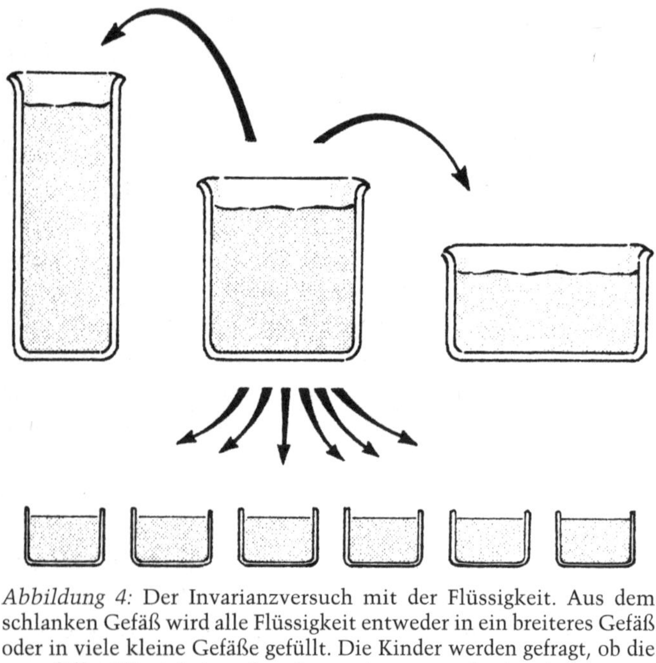

Abbildung 4: Der Invarianzversuch mit der Flüssigkeit. Aus dem schlanken Gefäß wird alle Flüssigkeit entweder in ein breiteres Gefäß oder in viele kleine Gefäße gefüllt. Die Kinder werden gefragt, ob die umgefüllte Flüssigkeit mehr oder weniger geworden ist. Auf den ersten Stufen der kognitiven Entwicklung lassen sie sich von Sinneswahrnehmungen täuschen und sagen im Beispiel des breiteren Bechers, dass nun weniger Wasser da ist (der Flüssigkeitsspiegel ist ja auch tiefer). Erst später bilden sie das Konzept der Invarianz von Mengen.

diesem Alter noch, es gäbe nun weniger Flüssigkeit als vorher. Werden sie ein bis zwei Jahre älter – wir sind dann immer noch in der Phase des symbolischen Denkens –, erkennen die Kinder die Konstanz der Menge nur dann noch nicht, wenn sich mehr als ein durch die Sinne aufdrängender Parameter ändert.

Die invariante Substanz

Auf der nächsten Stufe besiegt das Denken den sinnlichen Eindruck endgültig. Die Kinder wissen nun, dass die Menge erhalten bleibt. Sie haben das Konzept der Mengenkonstanz entwickelt, und zwar ganz für sich alleine, ohne dass jemand es ihnen erklärt oder vorgeführt hat. In diesem Alter befinden sich die Kinder auf der dritten Stufe der kognitiven Leiter, die Piaget aufgestellt hat. Diese Sprosse trägt den Namen der konkretoperationalen Periode. Sie währt über das zehnte Lebensjahr hinaus und ermöglicht den Kindern, Reihenfolgen zu konstruieren und Ordnungen zu begreifen. Sie verstehen die Gleichwertigkeit von Mengen und eignen sich so das Konzept der Zahl an. Damit wird es auch möglich, die Erhaltung kontinuierlicher Eigenschaften zu erfassen, also etwa Gewicht und Volumen.

Charakteristisch für diese Phase des Erwachens ist die Beobachtung, dass die Kinder nun mehr oder weniger anfangen, sich spontan an Fragen der Physik heranzutasten. Ihre Erkundung der Welt lässt sie als kleine wissenschaftliche Experimentatoren erscheinen, die sich – etwas überspitzt ausgedrückt – auf den Weg zum Atom machen. Auf jeden Fall lernen sie nach und nach die Idee von der invarianten Substanz kennen, und der Zucker, der sich im Teeglas auflöst und auch nicht wieder sichtbar in Erscheinung tritt – in ihrem Denken bleibt er doch vorhanden.

Die Idee von der Invarianz der Substanz hat Piaget mit Hilfe von Tonkugeln in den experimentellen Griff bekommen (Abb.5). Den Kindern wurden zwei gleich große Tonkugeln gezeigt und sie konnten sich davon überzeugen, dass in beiden die gleiche Menge Ton enthalten war. Eine dieser Kugeln wird dann umgeformt, entweder in einen Zylinder oder in eine Scheibe oder auch in mehrere kleinere Kugeln. Wie oben erwähnt, verstehen die Kinder auf der dritten Stufe, dass die Menge invariant bleibt und durch die Neuformung nicht verändert wird. Sie verstehen aber zunächst noch nicht, dass dies auch für das Gewicht gilt. Erst im Alter von neun bis zehn Jahren begreifen sie, dass das Gewicht unabhängig von

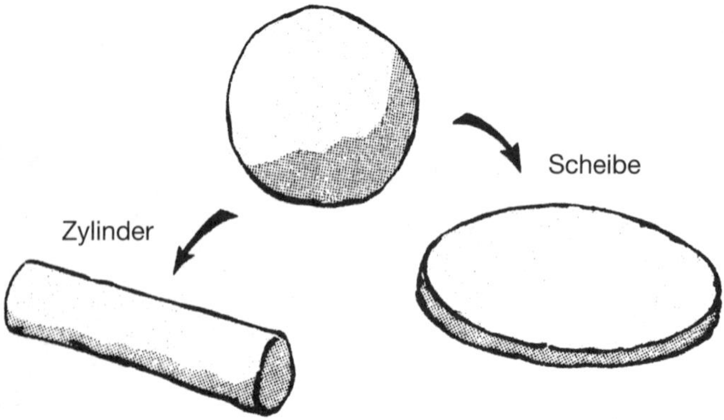

Abbildung 5: Verformbare Kugeln aus Lehm oder Ton können zu Scheiben geplättet oder zu Zylindern gerollt und gestreckt werden. Diese Operationen werden vor den Augen der Kinder durchgeführt. Sie werden anschließend gefragt, ob die Tonmenge dabei verändert worden ist. Erst spät verstehen die Kinder die Invarianz der benutzten Menge.

der Form und ihrer Veränderung ist. Noch länger brauchen sie, um zu verstehen, dass trotz allen Modellierens das von der Tonsubstanz eingenommene Volumen erhalten bleibt, also forminvariant ist.

Eine einfache Deutung dieser Unterschiede kann sich wieder auf den Sinneseindruck stützen. Eine Menge ist viel anschaulicher als ein Gewicht. Aber auch ein Gewicht kann ich – etwa durch meine Muskelkraft – erfahren. Mit dem Volumen ist das schon schwieriger, wie sich jeder leicht klar machen kann, wenn er bedenkt, dass diese Eigenschaft gar nicht so leicht zu messen ist. Da muss schon ein Überlaufgefäß zu Hilfe genommen werden und dies zeigt mir das Volumen mehr oder weniger nur indirekt an.

Die Kinder im Alter zwischen zehn und elf stellen sich aber vor allem deshalb vor, dass das Volumen von der Form abhängt, weil sie meinen, dass die Änderung der Tonform auch eine Änderung seiner Festigkeit und »Gepacktheit« mit sich bringt. Mit diesem Wort bezeichnen Kinder oft die Eigenschaft der Stoffe, die wir vom Physikunterricht her als Dichte kennen. Zunächst scheint den Kindern die Materie noch elastisch zu sein, ein lang gestreckter Zylinder aus Ton scheint einfach mehr Platz zu brauchen als eine Kugel. (Der durch die auffallende Länge solch einer Tonrolle gegebene Sinneseindruck verführt die Kinder nicht dazu, ein größeres Volumen zu vermuten, aus dem Alter sind sie sozusagen schon raus, wie der Versuch mit den Flüssigkeiten [Abb.5] zeigt.)

Um die Invarianz des Volumens zu erkennen, müssen die Kinder schon Vorstellungen vom Bau der Materie Ton haben, die da geknetet und umgestaltet wird. Sie müssen sich so etwas wie kleine Dinge – wir sagen dazu Teilchen oder Partikel – ausmalen, mit denen der Stoff komponiert worden ist, an dem sie herumhantieren. Dass Kinder tatsächlich spontan und ganz natürlich ein atomistisches Bild von der Dichte einer Substanz vor Augen haben, zeigt sich in einem einfachen Experiment. Die Kinder bekommen ein kleines Stück Eisen und ein zwar größeres, aber zugleich auch leichteres Stück Kork. Werden sie nun gefragt, warum das kleinere Stück schwerer ist, dann geben sie mit zwölf Jahren die Antwort, die auf eine atomistische Konzeption hinweist. Sie behaupten, das Stück Metall sei »voller ausgefüllt« oder »dichter gepackt«.

Die aufgelöste Materie

Wir gehen nun in den Experimenten einen Schritt weiter und betrachten die Antworten und damit die sich entwickelnden Vorstellungen der Kinder, wenn ein gegebenes Objekt wirklich verschwindet und nicht wiederkehrt. Der Ball hinter dem Sofa konnte zurückgeholt und der Tonzylinder wieder zur Kugel werden. Wenn sich aber Zucker im Tee auflöst, kommt er nicht wieder. (Jedenfalls nicht so ohne weiteres und nicht zu Hause; in einem chemischen Laboratorium sieht das natürlich anders aus.)

Zwar lernt schon das zweijährige Kind, dass auch die aus dem Blickfeld verschwundenen Gegenstände von Dauer sind, aber bei dem aufgelösten Zucker fehlt die Möglichkeit, ihn durch eine einfache räumliche Operation wiederzufinden. Die chemische Auflösung des Zuckers stellt eine wesentlich kompliziertere Operation dar, die Kindern erst später begreiflich – nachvollziehbar – wird (Abb. 6). Noch zu Beginn der dritten

Stufe – sie wird durch die Fähigkeit zum konkret operationalen Denken charakterisiert – glauben die Kinder, der nicht mehr sichtbare Zucker sei einfach weg. Im Alter von acht bis neun Jahren gewinnen sie spontan die Überzeugung, der Zucker bleibe doch da, er existiere nun in Form von winzig kleinen Zuckerteilchen. Diese Gebilde haben aber weder Gewicht noch Volumen. Es dauert wieder bis zum zwölften Lebensjahr, bis die Kinder auch bei dem aufgelösten Zucker sicher sind, dass weder sein Gewicht noch sein Volumen verschwinden oder geringer werden.

Die erste Parallele

Die Kinder werden beim Zucker natürlich auch deshalb leicht von der Invarianz der aufgelösten Substanz über-

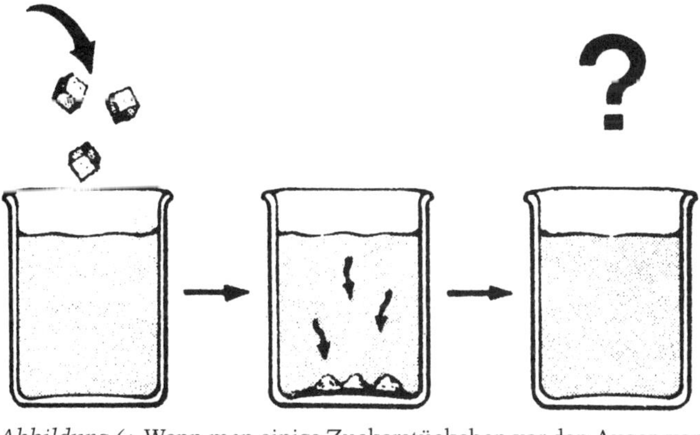

Abbildung 6: Wenn man einige Zuckerstückchen vor den Augen von Kindern in Wasser auflöst und sie anschließend fragt, was aus dem Zucker geworden ist, kann man verfolgen, wie sich über die verschiedenen Altersstufen nach und nach die Idee von dicht gepackten Teilchen herausbildet. Die Kinder sind auf dem Weg zum Atom (einem sehr dinghaften Atom natürlich).

zeugt, weil sie am Geschmack des Tees merken, dass der Zucker noch vorhanden sein muss. Und aus diesem Grunde fangen sie tatsächlich schon früh an, sich unter rein qualitativen Gesichtspunkten zu überlegen, wie der verschwundene Zucker aussieht. Sie nehmen sich dazu Bilder aus dem Alltag. Wie Staub ist der Zucker, so vermuten sie, oder wie Krümel. Aber daneben tauchen auch andere Bilder auf, zum Beispiel das des Schmelzens. Der Zucker verflüssigt sich dann im Kopf der Kinder.

Es ist nun von größtem Interesse, dass diese beiden Vorstellungen vom Bau der Materie, die sich parallel in den Kindern entwickeln können, auch in der Geschichte der Wissenschaften nebeneinander bestanden haben. Gemeint sind dabei das atomistische Bild der Materie, das vor allem durch Demokrit geprägt worden ist, und das Modell des kontinuierlichen Übergangs zwischen Substanzen, das vor allem Aristoteles vertreten hat. Für Demokrit gab es nur die Atome und den leeren Raum und für Aristoteles gab es weder die Atome noch den leeren Raum.

Das Modell der Verflüssigung tritt bei den Kindern rasch in den Hintergrund und die von Demokrit entwickelte Vorstellung einer Welt voller kleiner Krümel setzt sich bis zum 12. Lebensjahr durch. Sie ist einfach anschaulicher als die Idee von Aristoteles, die ja auch im Verlauf der Wissenschaftsgeschichte bald an Anziehungskraft verloren hat.

Hier deutet sich zum erstenmal so etwas wie eine Parallelität der intellektuellen Entwicklung an, auf die wir später noch genauer eingehen werden. Es sieht in dem beschriebenen Fall so aus, als ob es zu der Leiter, die das Individuum in seiner Reifung klettern muss, eine parallele Stufenfolge gibt, die die Menschheit in ihrer Geschichte erklimmen muss und nicht einfach überspringen kann.

Diese (dem gesunden Menschenverstand einleuchtende) Parallelität zwischen dem Leben eines einzelnen und dem der Menschheit hat übrigens schon Giambattista Vico vermutet. Bei der Herkunft der Völker entdeckte er ebenso drei »Zeitalter« wie bei den Menschen. In seinen Worten aus der Scienza Nuova: »Zuerst empfinden die Menschen, ohne wahrzunehmen; dann merken sie auf mit überraschter und bewegter Seele; zuletzt reflektieren sie mit klarem Geiste.«

Wenn wir uns nun an die Definition des Senso comune erinnern und sie auf das Piagetsche Schema ausdehnen, sind wir schließlich in der Lage, den Common Sense ganz genau zu definieren: Unter dem gesunden Menschenverstand verstehen wir leicht durchführbare und konkrete mentale Operationen. Diese konkreten Operationen sind Teil unseres biologischen Erbes und im Rahmen der Evolution entstanden.

Die letzten Stufen

Bevor wir hier fortfahren und diese Übereinstimmungen der Entwicklung näher beleuchtet werden, muss noch auf die vierte und (Piaget zufolge) letzte Stufe der kognitiven Reifung hingewiesen werden. Sie geht als Phase der formalen Operationen über den Common Sense hinaus. Wenn die Kinder älter als zwölf Jahre sind, stellen sie fest, dass die sie umgebende Welt nur eine von vielen möglichen ist. Die Jugendlichen lernen, mit Annahmen und Behauptungen zu argumentieren. Auch mit ausschließlich hypothetischen Voraussetzungen können sie nun unter Anwendung deduktiver Regeln

Schlussfolgerungen ziehen. Damit lernen sie dann, das Wirkliche vom Möglichen zu unterscheiden.

So nach und nach wird es von diesem Stadium an möglich, die Trägheit der Seele zu überwinden und wissenschaftlich zu denken. Aber nun sind auch die kleinsten Schritte nicht mehr automatisch durch die Natur vorgesehen. Von nun an müssen wir die Entwicklung mehr oder weniger selbst vorantreiben. Auch vorher war zwar nichts einfach gegeben und alles musste eigens konstruiert werden. Doch immerhin gab es eine biologische Vorgabe. Sie fällt nun aber weg. Die Konstruktion wird frei. Und es hat Jahrhunderte gedauert, bis dieser Prozess richtig in Schwung kam.

Dass die kognitive Entwicklung mit vier Schritten am Ziel ist, galt zwar durch Piagets Arbeiten lange Zeit als unumstößliche Gewissheit, aber die Psychologen glauben inzwischen einen weiteren Schritt identifiziert zu haben, der den Übergang in das Erwachsenenalter begleitet (6). Sie erkennen eine intellektuelle Entwicklung auch über das 16. Lebensjahr hinaus. In diesem Alter liegt Piaget zufolge schon der erwachsene Geist vor (und fest). Die fünfte Stufe zeigt aber, dass uns die Natur offenbar noch eine gewisse Flexibilität mit auf den Weg gibt, bevor sie uns in die Freiheit der Forschung entlässt.

Ausgangspunkt der Untersuchung, die diese Phase ans Licht gebracht hat, war eine Frage, die sich eigentlich ganz natürlich ergibt, wenn man an die Fähigkeit zur Bildung von Hypothesen denkt, die auf der vierten Stufe erworben wird. Wie und wann entscheiden Kinder, welche von zwei unterschiedlichen Vermutungen oder Erklärungen nun zutrifft und welche nicht? Wenn jemand gut und erfolgreich Tennis oder Klavier spielt, liegt das an seinem harten Training oder an seinem Talent? Und wie ist die Welt entstanden? Gibt es da einen Schöpfer, oder gab es da einfach einen Urknall?

Wer auf solche Alternativen erst einmal aufmerksam geworden ist und sich umsieht, stellt dabei fest, dass wir uns laufend in solch einer Situation befinden: Zwei Hypothesen stehen sich gegenüber und wollen gegeneinander abgewogen werden. Eine Entscheidung ist vor allem dann gefragt, wenn es erforderlich ist zu handeln (auch wenn es nur darum geht, bei Wahlen ein Kreuz zu machen). Als aufgeklärte Erwachsene ist uns bewusst, dass in beiden Alternativen ein Teil der Wahrheit durchschimmert – Erfolg kostet natürlich Arbeit, er braucht aber auch Talent –, aber wie reagieren Kinder auf die konkurrierenden Ansichten? Zunächst – bis zur dritten Stufe ihrer Entwicklung – betrachten die Kinder die verschiedenen Theorien nebeneinander. Eine halten sie für richtig, die andere für falsch. Sie entscheiden sich mehr oder weniger spontan und sind eindeutig von außen beeinflusst, also durch die Meinung ihrer Eltern oder Freunde. Auf der vierten Stufe fällt ihnen dann allerdings auf, dass keine der angebotenen Erklärungen vollständig ist. Sie bemerken dies, wenn sie die Deutungen verneinen: Offenbar nützt das größte Talent nichts, wenn ich nicht übe. Und ich kann so viel trainieren, wie ich will, ohne Begabung werde ich keine Meisterschaft erringen.

Von nun an versuchen die Kinder, die beiden Theorien – Talent oder Training, Schöpfung oder Urknall – zusammenzubringen. Und was immer die Kinder an Verbindungen hier finden, sie begründen alle Relationen von innen heraus, also mit eigenen Vorstellungen. Sie suchen nach einer umfassenden Theorie, in der sich die gegensätzlichen Standpunkte ergänzen. Vom 16. Lebensjahr an wird den Kindern ganz selbstverständlich, dass zwei oder auch mehr Ansichten beziehungsweise Erklärungen möglich sind.

Auf dem Weg zu dieser gedanklichen Höhe mussten sie eine Phase der Ungewissheit aushalten. Die Kinder haben sozusagen etwas fürs Leben gelernt (wenn auch nicht auf der Schule): Sie haben gelernt, dass die ersten Ansichten nicht immer die letzten bleiben müssen. Sie können falsch sein und müssen überprüft werden. Ungewissheit schreckt sie nicht mehr. Im Gegenteil! Gerade sie geht doch offenbar der Einsicht voraus. Die wissenschaftliche Eroberung der Welt kann damit beginnen.

Die vorgestellte Kraft

Die hier vorgetragene Grundidee besteht darin, dass wissenschaftliche Erkenntnis unter anderem mit der Überwindung des gesunden Menschenverstandes vorankommt. Dieses Vorbeiziehen wird verständlich und erleichtert, wenn wir zeigen können, dass die Entwicklung der Wissenschaft in der gleichen Art fortschreitet wie die Intelligenz von Kindern. Zeigen heißt in diesem Fall, dass wir nachschauen wollen, ob das Fortschreiten der Wissenschaften an prinzipiell gleichen Hindernissen hängen bleibt, gegen die auch die aufsteigende Intelligenz der Kinder anrennt. Wie die Parallelität der beiden historischen Abläufe aussehen könnte, zeigt sich zum Beispiel bei einem genauen Studium der Bewegung und des Impetus, das Piaget selbst betrieben hat (7). Ein genauer Vergleich zwischen Kindermund und Wissenschaft stößt natürlich auf die fundamentale Schwierigkeit, dass in beiden Fällen andere Wörter benutzt werden. Kinder reden etwa von einem »Schwungstoß«, sie benutzen also einen Begriff, den die Physiker gar nicht kennen beziehungsweise nie für den wissenschaftlichen Gebrauch definiert haben. Wir können auf dieses »Übersetzungsproblem« natürlich nicht im Detail eingehen und müssen uns entsprechend kurz fassen.

Bevor wir aber mit Piaget der Wissenschaftsgeschichte und der Psychogenese dieser Idee Impetus folgen, muss ausdrücklich und mit besonderer Klarheit betont werden, dass es bei der Parallelität nicht um eine Behauptung der bekannten Art geht, dass die biologische Entwicklung eines Individuums (Ontogenese) die evolutionären Schritte seiner Abstammung (Phylogenese) wiederholt. Dieses zuerst von Erich Haeckel formulierte »biogenetische Grundgesetz« – es trifft übrigens in der gegebenen Form bestenfalls mit vielen Einschränkungen und Ergänzungen zu – bleibt natürlich nur ein sinnloses Spiel mit Worten, wenn kein konkreter genetischer Zusammenhang besteht, wenn es also keinen handfesten Mechanismus der Vererbung gibt. Denn die biologische Evolution einer Art findet ihren Niederschlag (oder ihre Niederschrift) in den Genen beziehungsweise in den molekularen Strukturen, die ihnen zugrunde liegen. Und mit deren Information wird dann auch die individuelle Entwicklung gesteuert und ausgeführt. Ideen werden nun bekanntlich nicht vererbt. Daher kann ein heranwachsendes Individuum zwar die körperlichen Formen, nicht aber die körperlosen Ideen seiner Vorfahren durchlaufen. Kinder wiederholen auf keinen Fall (wie manchmal zu lesen ist) die Entwicklung der Wissenschaft. Wenn überhaupt, dann ist es umgekehrt, dann wiederholt die Wissenschaft die Entwicklung der Kinder, das heißt, beide stoßen auf vergleichbare Schwierigkeiten.

Diesen Zusammenhang kann man problemlos erkennen, wenn man sich folgendes klar macht: Die Erfahrung von Kindern steht immer vor den Erfahrungen von Erwachsenen, weil auch die größten Geister – bei den Steinzeitmenschen ebenso wie bei den Kernphysikern – zuerst einmal klein waren. (Als Junge hat mir folgender Witz immer gefallen, der hier vielleicht eingefügt werden darf. Ein Lehrer fragt: »Welche großen Männer wurden in unserer Stadt geboren?« Und ein Schüler antwortet: »Keine! Bei uns werden nur kleine Kinder geboren.«) Wenn wir also sagen, die geistige Entwicklung verläuft in beiden Fällen parallel, dann behaupten wir damit nur eine prinzipielle Übereinstimmung kognitiver Entwicklungen, die aber auf ganz verschiedenen Ebenen des Denkens stattfinden. Diese parallele Entfaltung setzt implizit offenbar voraus, dass der Geist – salopp formuliert – so seine Strukturen hat, an denen man entlangklettern muss, um ihn sehen zu können.

Wie sah dieser Aufstieg im Einzelnen bei der Analyse von Bewegungen aus? Historisch lassen wir die Mechanik mit Aristoteles beginnen. Er stellte sich seltsamerweise zwei Ursachen vor, die auf einen bewegten Gegenstand einwirken, und zwar eine äußere und eine innere Kraft. So überraschend dies auf den ersten Blick ist, so einleuchtend wirkt dieser Ansatz, wenn man sich verdeutlicht, dass uns eine innere Kraft schon als Kind vertraut ist. Schließlich bringen wir sie selbst auf, wenn wir einen Arm heben und einen Stein werfen wollen. Für unsere allgemeinen Zwecke ist es nun bedeutsam, dass Aristoteles auch unbelebten Objekten solch eine innere Kraft zutraut. Er hat offenbar ein organisches

Bild der Welt und verbindet daher auch entsprechend jede Bewegung mit einem Ziel. (Im Grunde interpretiert Aristoteles die Kraft wie das Leben, bei dem er die äußere Materie und ein inneres Formprinzip [eidos] unterscheidet.)

Diese Vorstellung einer inneren Kraft findet sich völlig analog bei Kindern in der ersten Phase ihrer Bewegungsanalyse. Sie spüren zum Beispiel einen Wind und erklären ihn durch einen konkreten Ausgangspunkt. Sie sagen etwa, der Wind werde von den Bäumen hervorgebracht. Und von denen nehmen die Kinder an, dass sie aus eigener Kraft hin- und herschwanken. In der Tat konstruieren sich Kinder insgesamt ein aristotelisches Bild der Physik, das heißt der Bewegung und der Kraft.

Eine weitere Verwandtschaft zwischen dieser Phase des kindlichen Denkens und den Vorstellungen von Aristoteles zeigt sich an seinem Konzept des natürlichen Ortes, mit dem er bekanntlich unter anderem erklärt, wie Bewegungen zu ihrem Ende kommen, nämlich dann, wenn die Objekte an ihrem angestrebten natürlichen Ort eingetroffen sind. Damit haben Kinder selbstverständlich überhaupt keine Probleme. Für sie ist völlig klar, dass der Ort für Kieselsteine auf dem Boden und der Ort für Rauch in der Luft ist. Der Luft selbst wird dabei kein Gewicht zugestanden und die Schwierigkeit, einen Auftrieb zu verstehen, bleibt ihnen fremd.

Um die zweite Stufe der Bewegungsanalyse erkennen zu können, schauen wir uns eine einfache Anordnung von Kugeln an, die sich elastisch stoßen können (Abb. 7). Eine Kugel wird auf einer Schiene befestigt. Sie dient als unbewegliches Zwischenglied und soll nur den Impuls übertragen, den eine einlaufende Kugel mitbringt und der letztendlich an eine auf der gegenüberliegenden Seite ruhende Kugel weitergegeben wird. Wie lässt sich dieser Übertrag deuten? Wie erklären (sich) die Kinder, was passiert, wenn eine einlaufende Kugel nach dem Aufprall liegen bleibt und die ruhende (unbefestigte) Kugel dafür anfängt, sich zu bewegen?

In der ersten Phase sagen die Kinder noch, dies geschehe durch eine Art von »Ansteckung«. (Ein sehr lebendiges Bild.) Wenn die letzte Kugel angesteckt ist, setzt sie sich (und zwar immer noch aus eigener Kraft) in Bewegung. In der dritten Phase werden die Kinder erklären, die auslösende Kugel habe einen Schwung weitergegeben, der erst durch das Zwischenglied läuft und anschließend die ruhende Kugel antreibt. Hier wird ganz deutlich ein zwischengeschalteter »Impetus« unterschieden, der an die Stelle der inneren Kraft tritt. Der Weg zu dieser Konzeption führt über eine Periode – dies ist die zweite Phase –, in der sich die Kinder zwar schon nicht mehr mit Hilfe der Vorstellung einer inneren Kraft orientieren, in der sie aber noch keinen Impetus von einer äußeren Kraft unterscheiden.

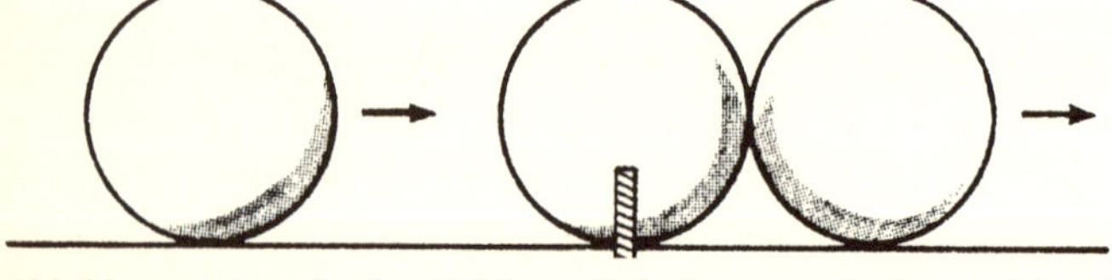

Abbildung 7: Eine (in dem Bild) von links kommende Kugel trifft auf eine befestigte Kugel, an der rechts eine weitere Kugel lehnt. Nach dem Aufprall wird der Impuls auf die rechte Kugel übertragen, die sich in Bewegung setzt. Die Kinder sollen in ihren Begriffen erläutern, was hier passiert.

Die Kinder legen mit diesen beiden Schritten den Weg zurück, der, historisch gesehen, von Aristoteles über seinen Kommentator, den griechischen Gelehrten Johannes Philoponos, genannt Grammatikos – er lebte im sechsten Jahrhundert –, bis zu dem französischen Philosophen Jean Buridan führte, der schließlich im vierzehnten Jahrhundert über den Impetus nachdachte.

Um es noch einmal zu wiederholen: Wenn man diese geistige Parallele ursächlich fassen und verbinden will, dann ist die Ontogenese der Grund für die Wissenschaftsentwicklung – das Werden der kindlichen Kategorien geht dem Werden des wissenschaftlichen Wissens auf jeden Fall voraus. Wer Ursache und Wirkung – in diesem oder in einem anderen, auch alltäglichen Fall – verwechselt, stolpert keineswegs über eine triviale Unterscheidung, wie sich deutlich zeigt, wenn wir weiterverfolgen, wie die Kinder lernen, eine Bewegung zu verstehen. Denn in der dritten Phase der Entwicklung gilt bei ihnen der Schwung noch als Ursache der Bewegung. Diese Vorstellung kehrt sich erst in der vierten Phase um, in der endlich verstanden wird, dass der Schwung – ganz im Gegenteil – die Folge einer äußeren Kraft ist. In diesem Zusammenhang wird auch die Beschleunigung entdeckt und damit schließlich und endlich der Newtonsche Standard erreicht. Aber es ist nicht leicht, ihn zu halten. Die Kinder können zwar nun den Schwung von einer einfachen (unbeschleunigten) Bewegung unterscheiden, es fällt ihnen (und wahrscheinlich auch noch den meisten Erwachsenen) viel leichter, an Geschwindigkeiten zu denken und Bewegungen durch diese gleichmäßige Größe zu charakterisieren. Genau dies tut eben der gesunde Menschenverstand.

Während sich also in der Psychogenese der Schwung

zur Beschleunigung mausert, macht in der historischen Entwicklung der Impetus dieselbe mühsame Karriere. Aber dennoch schaffen wir es nicht ohne immer wieder neue Anstrengungen, am Ende unseres intellektuellen Erwachens wie ein klassischer Physiker zu denken. Wenn wir uns als Erwachsene in der Welt umsehen, erkennen wir nur unscharf das Bild, das Newton von ihr entworfen hat. Wir erkennen dafür genau das Bild, das Euklid von der Welt – genauer, von ihrer Geometrie – entworfen hat, wie wir gleich noch sehen werden. Kein Wunder also, dass wir es für richtig halten. Und noch weniger ein Wunder, dass wir schockiert sind, wenn wir (beim Studium der Physik) erleben müssen, wie falsch es ist.

Die erwachsene Welt

Wir wollen uns im Folgenden an einigen Beispielen genauer ansehen, wie diese Welt aussieht, in die uns die Biologie und das von ihr vermittelte Erbe hineinwachsen lassen. Wie sehen wir etwa die als Objekt, Raum, Zeit und Kausalität bezeichneten Kategorien an, wenn wir erwacht und erwachsen sind?

Wir hatten schon darauf hingewiesen, dass Kinder zuerst lernen, was Objekte sind, nämlich Gegenstände von Dauer und unabhängig von ihrer Position. Dies ist im doppelten Sinne gemeint. Kinder erkennen, dass die Gegenstände unabhängig von ihrer Beobachtung und unabhängig vom Ort existieren, an dem sie sich befinden. Das heißt, nicht mehr sichtbare Objekte sind nicht verschwunden, sie sind nur an einem anderen Ort. Diese Verschiebung können die Kinder auch durch eine Schachtel hindurch vornehmen. Selbst wenn eine Murmel zuerst in eine Dose und diese Dose dann unter eine Decke gelegt wird, verlieren die zweijährigen Knaben und Mädchen die Murmel nicht aus dem (geistigen) Auge und suchen sie nach entsprechender Aufforderung sofort an der richtigen Stelle.

Diese sehr früh erfolgende Konsolidierung eines permanenten Objektes, das selbst unsichtbar ist, hat vermutlich zur Folge, dass auch die von vornherein unsichtbaren Gegenstände des Denkens – Atome, Energie, chemische Bindung – als Dinge im konkreten Sinn verstanden werden. Dies macht es uns dann später sehr schwer zu verstehen, dass Atome und erst recht ihre Bausteine, wie etwa die Elektronen, keine Dinge sind.

Die Ausweitung der Idee von Dingen in den mikroskopischen Bereich hinein ist ein Problem des Objektkonzeptes, das dem gesunden Menschenverstand zu schaffen macht. Ein anderes Problem steckt in der Tatsache, dass das erste Objekt, mit dem wir zu tun haben, unsere Mutter ist. Und die lebt. Das heißt doch wohl, dass wir erst danach noch lernen müssen, dass die meisten Dinge dieser Welt eben nicht leben. Unsere Entwicklung fängt mit dem Blick auf ein anderes Leben an und wir halten dann also zunächst alles für belebt. Daraus leitet sich leicht verständlich ein wahrhaft lebendiges Bild der Wirklichkeit ab, das bei vielen frühen Kulturen gefunden werden kann. Sowohl bei den Griechen (Aristoteles) als auch im Taoismus und im Hinduismus wird die Natur als ein harmonischer Organismus verstanden, dessen Teile und Bewegungen durch geeignete Proportionen aufeinander abgestimmt sind. Dieses organische Paradigma – wie es manchmal heißt – versucht die (nicht vertrauten) anorganischen Vorgänge durch (vertraute) physiologische Funktionen zu erklären. (Dieses organische Bild der Natur taucht zu Beginn des 19. Jahrhunderts wieder auf, als vor allem in Deutschland die Natur als ein durch Geist beseelter und gesteuerter Organismus verstanden wird. Der Gedanke, dass die Regelmäßigkeit der natürlichen Welt von irgendeiner Instanz gemacht wird, kommt dem gesunden Menschenverstand gut zu pass. Er ist sehr bequem.)

Völlig unabhängig von dem Konzept eines Objektes entstehen unsere kognitiven Fähigkeiten, den Raum mit geometrischen Größen zu analysieren. »Die natürliche Geometrie des Kindes« – so der Titel eines Buches von Jean Piaget, das er gemeinsam mit Bärbel Inhelder verfasst hat (5) – entwickelt sich dabei offenbar so, dass wir uns der sichtbaren räumlichen Umgebung anpassen. Wir sind von zumeist starren Körpern umgeben, deren feste Formen durch gradlinig verlaufendes Licht deutlich werden. Welche Eigenschaften wir dem uns umgebenden Raum auf Grund unserer Erfahrungen zuschreiben, sieht man am besten am Beispiel der Frage, wie groß die Summe der Winkel in einem Dreieck ist. Den Kindern werden zusammengesetzte Dreiecke gezeigt, deren Winkel sie verlegen können. Sie können sie zu einem Halbkreis anordnen und damit direkt sehen, dass die Winkelsumme 180 Grad beträgt (Abb. 8). Wenn die Kinder älter als sechs Jahre sind, verstehen sie es, mit den Bausteinen des Dreiecks umzugehen, und man kann ihnen zeigen, dass dabei ein Halbkreis entsteht. Zunächst fällt es ihnen noch schwer einzusehen, dass der Halbkreis auch vorhanden bleibt, wenn zwei Teile – also zwei Winkel – vertauscht werden. Aber selbst wenn sie sich daran gewöhnt haben, glauben sie nicht, dass die Winkel eines anderen Dreiecks wieder einen Halbkreis ergeben.

Die entsprechende Induktion beobachtet man erst bei Kindern im Alter von sieben bis acht Jahren. Nun fangen sie zu verstehen an, dass ein Winkel kleiner wird, wenn ein anderer zunimmt. Dieser Schluss fällt ihnen leichter, wenn die Dreiecke gleich groß sind. Durch Nachdenken erkennen sie, dass ein Winkel sich nicht verändert, wenn die Seiten länger werden, und wenn sie knapp zehn Jahre alt sind, vollenden sie den generalisierenden Schritt. Nun sind die Kinder davon überzeugt, dass sich »immer« ein Halbkreis ergibt, wenn man die Winkel eines Dreiecks zusammenlegt.

Damit ist die Entwicklung aber noch nicht zu Ende. Piaget hat beobachtet, wie nach dem zehnten Lebensjahr noch ein stärkerer Schluss auftaucht. Die Kinder bekommen nun sogar ein Gefühl der Notwendigkeit. Es ergibt sich nicht nur »immer« ein Halbkreis, er entsteht sogar »zwangsläufig«, wie sie sagen! Für sie ist jetzt klar, dass man kein Dreieck konstruieren kann, in dem

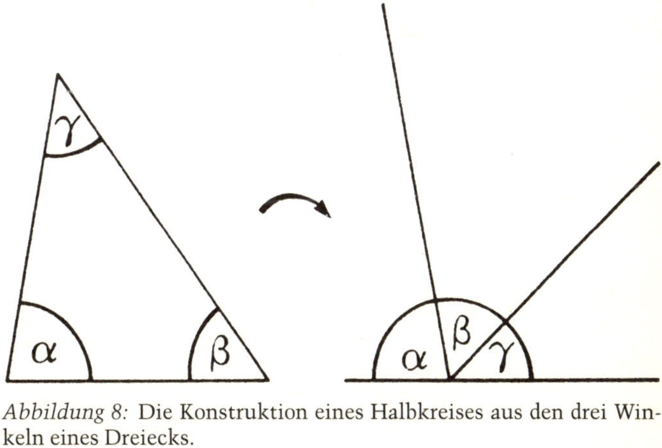

Abbildung 8: Die Konstruktion eines Halbkreises aus den drei Winkeln eines Dreiecks.

zwei rechte Winkel sind. In solch einem Fall bekommt man stattdessen zwei parallele Linien, die sich nie schneiden, weil es zwischen ihnen einfach keinen Winkel mehr geben kann (Abb. 9).

Genauso sieht die Geometrie aus, die der Grieche Euklid vor mehr als 2000 Jahren aufgeschrieben und gelehrt hat. Mit anderen Worten, unsere biologische Entwicklung lässt uns eine Welt betreten, die wir für vollkommen euklidisch halten. Das heißt, wir denken, die Wirklichkeit ist so, wie Euklid es dargestellt hat. Wir haben die gelernten Erfahrungen – zum Beispiel, dass es unmöglich ist, ein Dreieck aus drei Winkeln zu konstruieren, deren Summe einen Halbkreis übersteigt – zu felsenfesten Überzeugungen verinnerlicht und verfestigt. Die Welt kann gar nicht anders sein.

Die nichteuklidische Wirklichkeit

Auf einen ganz ähnlichen Zusammenhang hat schon Immanuel Kant hingewiesen. Bei der Lektüre seiner Schriften zur Erkenntnistheorie muss man beachten, dass Kant immer nur das Gehirn eines Erwachsenen vor

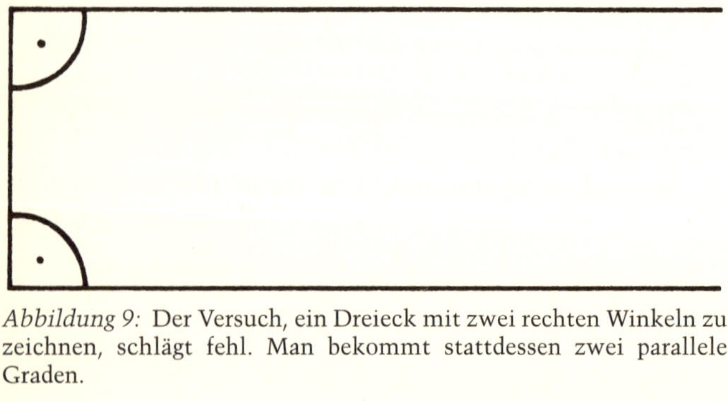

Abbildung 9: Der Versuch, ein Dreieck mit zwei rechten Winkeln zu zeichnen, schlägt fehl. Man bekommt stattdessen zwei parallele Graden.

Augen hat. Was er sagt, bezieht sich also bestenfalls auf Kinder am Ende ihrer kognitiven Entwicklung, an der – wie wir gesehen haben – das Bild einer euklidischen Welt entstanden ist. In seiner »Kritik der reinen Vernunft« stellt sich Kant die Frage, woher die euklidische Geometrie ihre Gültigkeit bezieht. Ihm scheint, dass die damit gegebene Beschreibung der Welt sich nicht auf Beobachtungen gründet, sondern dass sie unsere räumliche Intuition ist. Die euklidische Geometrie – so argumentiert Kant – basiert auf unserem intuitiven Verständnis von räumlichen Beziehungen. Sie ist die »reine« Anschauung des Raumes.

Wer dies so akzeptiert, hat dabei stillschweigend und ganz natürlich angenommen, dass dies zugleich immer heißt, die euklidische Geometrie ist wahr, denn sie beschreibt die Welt doch richtig. So gesehen, ist es natürlich überhaupt kein Wunder, dass die Aufregung riesengroß war, als die moderne Physik im Gefolge der Arbeiten von Albert Einstein zeigen konnte, dass die euklidische Geometrie nicht für die Realität zuständig ist und dass die wirklichen geometrischen Verhältnisse der Welt unanschaulich sind. Unser Kosmos ist nichteuklidisch und gekrümmt. (Auf diese Möglichkeit hatte übrigens bereits im 19. Jahrhundert der große Mathematiker Bernhard Riemann hingewiesen.)

Der gesunde Menschenverstand wehrt sich natürlich gegen den ihm zugemuteten krummen Raum und er sucht nach Argumenten, um diese für ihn absurde Vorstellung zu widerlegen. Was zu diesem Zweck konkret vorgeschlagen wurde, zeigt aber nur eine andere Schwäche des gesunden Menschenverstandes auf.

Sehen wir uns ein Beispiel an: Ein (von philosophischer Seite vorgetragenes) Argument lautete, dass wir selbst dafür sorgen, dass die Dinge eine euklidische Geometrie zeigen. Wer zum Beispiel versucht, eine vollkommen ebene Platte anzufertigen, wird zunächst einige Scheiben anfertigen, die ungefähr eben sind. Diese Platten wird er aufeinander legen und so lange bearbeiten, bis sich zwei von ihnen in allen Punkten gleichzeitig berühren. Und auf diese Weise stellen wir selbst Flächen her, auf denen jedes Dreieck eine Winkelsumme von genau 180 Grad aufweist. Wir sorgen also höchstpersönlich dafür, dass eine euklidische Geometrie gilt.

So hübsch sich dieses Argument auch anhört, es scheitert daran, dass kein Material absolut starr ist (wie sich das der gesunde Menschenverstand denkt, immer sind Deformationen möglich. Die Verbiegungen sind zwar klein, aber doch groß genug, um die vorausgesagten Abweichungen von der euklidischen Geometrie zu verdecken. Außerdem wird man bei genauer Analyse des Vorschlags feststellen, dass das Wort »Berührung« irgendwann gar keinen Sinn mehr hat. Und zwar dann, wenn man es ganz genau definieren will, und dazu benötigt man Atome. Atome aber sind keine Dinge, die sich berühren, so, wie der gesunde Menschenverstand das Wort versteht (und auch nur verstehen kann).

Die vergehende Zeit

Nach diesem Exkurs kehren wir zu den Kategorien zurück und nun ist es Zeit für die Zeit. Ihre Entwicklung ist sehr schwierig zu verfolgen und ganz gelingt es noch immer nicht. Das liegt einmal daran, dass die Zeit offenbar keine unmittelbar sinnlich wahrnehmbare Erfahrung ist. Wir sehen den uns umgebenden Raum, aber nicht die vergehende Zeit. Und selbst wenn wir auf eine Uhr blicken, sehen wir nur die räumlichen Positionen von einigen Zeigern (oder auch nur von irgendwelchen wechselnden Ziffern). Zeit ist so eine uns räumlich vermittelte Größe. Was wir vor allem als Kinder unmittelbar beobachten, sind Bewegungen von Gegenständen und damit deren Geschwindigkeit. Kinder können zunächst – so stellten Piaget und seine Nachfolger fest – Raum und Zeit nicht differenzieren und sie verwechseln oft und leicht die ablaufende Zeit mit der Geschwindigkeit eines bewegten Gegenstandes.

Eine weitere Schwierigkeit für die Analyse der Zeit wird offenkundig, wenn man sich vor Augen hält, dass die physikalische Zeit – sie kommt in der Gleichzeitigkeit oder in der Folge von Ereignissen zum Ausdruck – etwas ganz anderes ist als die erlebte Zeit, die sich als Wartezeit oder als Lebensalter niederschlägt. Und was die kognitive Psychologie untersucht, ist eigentlich wieder etwas anderes; nämlich die operative Zeit, also die Zeit, die aus Beziehungen zwischen Ereignisfolge und -dauer konstruiert wird und sich auf Operationen gründet.

Weitere Untersuchungen zur Psychologie der Zeit (8) machen deutlich, dass die Geschwindigkeit die intuitive Kategorie ist, die primär erfasst wird. Hieraus konstruieren Kinder getrennt Weg und Zeit, und zwar in jungen Jahren – bis zum Alter von sieben Jahren – noch ganz linear. Das heißt zum Beispiel, dass sie in dieser Phase den Effekt einer Geschwindigkeitserhöhung unabhängig von der zurückzulegenden Strecke einschätzen. Für sie ist hier die Zeit noch die Differenz aus Weg und Geschwindigkeit. Dass Zeit sich als der Quotient der beiden Größen ergibt, verstehen wir intuitiv erst, wenn wir älter als zehn Jahre sind.

Diese Untersuchungen bestätigen unabhängig von neueren und veränderten Details Piagets fundamentale Beobachtung, dass Zeit und Geschwindigkeit zunächst als separate Größen in unseren Köpfen beginnen und nach und nach zusammenwachsen. Im Grunde bleiben sie nun untrennbar verbunden und damit konstruiert sich der gesunde Menschenverstand eine mehr oder weniger private Zeit, und zwar für jede Folge von Ereignissen. Von der universellen Zeit der klassischen Physik ist er noch meilenweit entfernt.

Die begründete Folge

Wenn wir hier von Zeit reden, sagen wir nichts über das eigentliche Geheimnis dieses unzerstörbaren Grundgewebes, in dem wir uns alle aufhalten und das die Voraussetzung für jegliche Existenz ist. Im Grunde reden wir nur über die räumlich-zeitliche Koordination von Bewegungen, also eigentlich über die Idee der Kausalität. Wir müssen nun versuchen, diese beiden Ideen genau zu unterscheiden.

Das Konzept Kausalität hat zwei Wurzeln. Zum einen erfahren Kinder es schon sehr früh als eine Verbindung zwischen ihrem Willen und dem gewünschten Ergebnis. Sie haben Hunger und wollen essen. Nun schreien sie und bald nimmt die Mutter sie an die Brust. Die Verbindung Wunsch-Handlung-Erfolg produziert vermutlich das diffuse Gefühl für ein Wirkungsgefüge, das in eine Vorstellung von Kausalität einmündet. Die zweite Wurzel dieser Idee steckt in der zeitlich wiederkehrenden Reihenfolge von Ereignissen. Die Mutter öffnet ihr Kleid und Nahrung wird verfügbar.

Diese Formen der kindlichen Kausalität sind Konzepte ohne sprachliche Hilfe und sie müssen unterschieden werden von der Denkfigur der erwachsenen Kausalität, die wir bei Erklärungen zu Hilfe nehmen. Beiden gemeinsam ist allerdings ihre Geradlinigkeit. Da wird immer nur eins aus dem anderen folgen und jede seitliche Aufspaltung der Kausalketten bleibt uns intuitiv unverständlich.

Die Idee, dass der Wille eine Ursache ist, schleppen wir mindestens mit, bis wir in die Schule kommen. Wenn man Kinder in diesem Alter fragt, wodurch die Wolken am Himmel bewegt werden, schreiben sie dies oft einem Willen (und dann natürlich einem Befehl) zu. Er kann von überall herkommen, von meinem Bruder, dem Mond oder auch von mir selbst. Wenn wir nun – das heißt, wenn wir mit unserem gesunden Menschenverstand – diese Vorstellung der Kausalität bis in das Erwachsenenalter mitschleppen, dann erhalten wir die Vorstellung eines Universums, das ein zentraler Wille – also ein Schöpfer – lenkt.

Auf jeden Fall wurzelt der Begriff der Ursache im Gefühl der eigenen Aktivität. Und somit sind von vornherein die Konzepte Kausalität und Finalität verbunden. Es bedarf einer besonderen Anstrengung (die wir dem gesunden Menschenverstand nicht zutrauen können), um beide zu trennen und nicht hinter jedem natürlichen Vorgang einen göttlichen Plan zu vermuten. Wir werden uns erneut vor diese Frage gestellt sehen, wenn wir die Ursache der biologischen Evolution ins Auge fassen.

Bei der Entwicklung der Kausalität hat Piaget noch auf eine andere kritische Phase aufmerksam gemacht. Offenbar reichen die Wurzeln dieser Konzeption weiter zurück (und daher vielleicht auch tiefer) als das Gefühl von einem Ich. Wenn ein Kind die Brust der Mutter findet, ist das Ziel »trinken« erreicht. Das Ziel lautete nicht »ich will trinken«. Ein Selbstbewusstsein ist hier nicht vorhanden. Noch besteht die Welt nur aus Objekten und nur ein erwachsener Beobachter sieht, dass die Hände, die sich vor den Augen des Kindes bewegen, dem Kind selbst gehören, welches die Bewegung ausführt. Das Kind selbst sieht seine Hände genauso wie alles andere als Objekte an.

Dies ändert sich mit der Konsolidierung des Objektkonzeptes, die wir oben beschrieben haben. Kurz vor Vollendung des zweiten Lebensjahres vollziehen die Kinder dann sozusagen eine persönliche kopernikanische Wende. Die Welt teilt sich nun in Subjekt und Objekte auf. Die Kinder fangen nun zu verstehen an, dass sie selbst Ursprung und Beherrscher der eigenen Bewegungen sind.

Die übertragene Energie

Die Kausalität als erfahrene Verknüpfung zwischen Wille und Ergebnis kommt natürlich ohne eine physikalische Verbindung aus und ähnelt auf diese Weise ein wenig der Magie. Ein Zauberer versucht ja gerade dem Zuschauer die wirkliche Kette der Ereignisse vorzuenthalten. Trotzdem sind wir sicher, dass in einem Varieté alles mit rechten Dingen zugeht, das heißt, wir sind sicher, dass es immer Ursachen für die Wirkungen gibt, die der Magier uns vorführt. Aber was heißt das? Wie kann man nachweisen, dass ein Glied einer Ereigniskette die Ursache für ein anderes Glied ist? Der englische Philosoph David Hume hat einmal behauptet, dass dies unmöglich sei. Ihm zufolge können wir die regelmäßige Abfolge von Vorgängen bloß registrieren und unsere Überraschung bei einem Zaubertrick zeigt nur, dass wir uns an einige Abläufe gewöhnt haben und an einige andere nicht.

In der Tat – genauso sieht der gesunde Menschenverstand die Kausalität, einfach als Nexus zwischen zeitlich aufeinander folgenden Ereignissen. Wer dieses Konzept nun unvernünftig und unverändert bis ins hohe Alter beibehält, gewinnt den Eindruck eines völlig deterministischen Universums, denn zeitlich ist gar nichts anderes möglich, als dass immer eins aufs andere folgt. Die Kritik Humes war dann auch ziemlich erfolgreich und sie hat viele Philosophen und Physiker veranlasst, nicht mehr nach Ursachen zu suchen. »Warum« wurde nicht mehr gefragt, nur das Wie schien noch von Interesse.

Kann man wirklich nicht unterscheiden zwischen gleichförmigen zeitlichen Abfolgen – wie etwa bei Tag und Nacht – und kausalen Beziehungen – wenn etwa ein Steinwurf eine Fensterscheibe zerstört? Die Antwort ist »man kann« und sie wurde 1941 von Konrad Lorenz gegeben durch »die Feststellung, dass die Wirkung von der Ursache her in irgendeiner Form Energie bezieht« (9). Es donnert also nicht, weil es geblitzt hat. Es donnert aus demselben Grund, aus dem es blitzt, weil nämlich eine elektrische Entladung zwischen Himmel und Erde erfolgt, und die liefert die Energie, deren Übertragung die kausale Verbindung herstellt.

Warum wurde dieser Grund der Kausalität nun so lange übersehen und im Grund bis heute kaum ausgearbeitet (mit Ausnahmen [10])? Vermutlich wirkt sich hier die Eigenschaft der Sprache aus, den Unterschied zwischen kausalen (»propter hoc«) und nur zeitlichen

(»post hoc«) Verbindungen zu verwischen. Hier besteht jedenfalls nur noch eine logische Verbindung zwischen zwei Ereignissen A und B und die heißt auch immer gleich, nämlich »wenn A, dann B«. Wenn es blitzt, dann donnert es. Und wenn ein Stein auf Glas trifft, dann kracht es.

Wir sind mit diesen Überlegungen langsam, aber sicher der Entwicklung des Denkens entstiegen und bei seiner Geschichte gelandet. Wenn wir sie im Detail verfolgen, wird uns der gesunde Menschenverstand endgültig im Wege stehen. Er tut dies allerdings erst im nächsten Kapitel.

Literatur

1 *Philosophisches Wörterbuch* (1978), herausgegeben von G. Schischkoff. Stuttgart

2 I. Berlin (1982), *Wider das Geläufige*, Stuttgart

3 P. Burke (1987), *Vico*, Berlin

4 G. Vico, *Neue Wissenschaft*, Frankfurt 1981 (Übersetzung von F. Fellmann)

5 J. Piaget, *Das Erwachen der Intelligenz; Der Aufbau der Wirklichkeit beim Kinde; Die Entwicklung der Erkennens;* alle Titel (verschiedene Auflagen) Stuttgart; dies gilt auch für die mit Bärbel Inhelder verfassten Bücher wie zum Beispiel »Die natürliche Geometrie des Kindes«

6 H. K. Reich und F. Oser (1986), *Zur Entwicklung von Denken in Komplementarität*, Bericht Nr. 53 des Pädagogischen Institutes der Universität Fribourg (Schweiz)

7 J. Piaget (1978), *Die historische Entwicklung und die Psychogenese des Impetus-Begiffs*, in: Die Psychologie des 20. Jahrhunderts, Band VII, München, 64–73

8 F. Wilkening (1986), *Wie schnell die Zeit vergeht*, in: Forschung und Medizin 1/86, 21–29

9 K. Lorenz (1941), *Kants Lehre vom Apriorischen im Lichte gegenwärtiger Biologie,* Blätter für deutsche Philosophie, 15: 94–125
10 G. Vollmer (1986), *Was können wir wissen?*, Band 2, Die Erkenntnis der Natur

Kapitel III

Die Geschichte

»Wissenschaft wird von Menschen gemacht.« Mit dieser eindringlichen Erinnerung beginnt Werner Heisenberg die Aufzeichnung seiner »Gespräche im Umkreis der Atomphysik« (1). Mit ihnen wollte er auch die oft beklagte Kluft zwischen den zwei so genannten Kulturen verringern, wie man die natur- und geisteswissenschaftlich dominierten Bereiche nennt, die zwei komplementäre Formen der menschlichen Aktivität definieren. In unserem Zusammenhang müsste der Satz von Heisenberg durch einen evolutionären Hinweis ergänzt werden. Salopp könnte man formulieren: Wissenschaft wird zwar von Menschen gemacht, aber die Menschen sind nicht gemacht worden, um Wissenschaft zu machen.

Wenn man sie wortwörtlich nimmt, dann ist diese Formulierung natürlich nicht zu halten, denn der Mensch ist ja nicht von irgendjemandem gemacht worden (auch wenn dies dem gesunden Menschenverstand einzuleuchten scheint), er ist vielmehr im Rahmen der biologischen Evolution entstanden. Nach Auskunft der Wissenschaft sind wir die Geschöpfe einer natürlichen Selektion. So jedenfalls lässt sich ein wichtiger Aspekt des Menschen und damit von uns selbst verstehen und so können wir auch einige unserer sehr menschlichen Eigenschaften erklären. Was über die Erfordernisse der

Evolution hinausgeht – und die wissenschaftliche Erkenntnis gehört dazu –, bleibt zunächst unverständlich und ist keineswegs selbstverständlich. Die genaue Kenntnis der algebraischen Zahlentheorie oder die Fähigkeit zur Röntgenstrukturanalyse von Proteinen war sicher nicht erforderlich, um sich im Gedränge der ersten Höhlen zu behaupten und der natürlichen Selektion eine Entscheidungshilfe zu geben.

Unser Gehirn ist als Organ entstanden, mit dem es uns leichter gefallen ist, mit der Welt zurechtzukommen und somit zu überleben. Nun ist nicht zu leugnen (und schon vor mehr als 100 Jahren zum erstenmal formuliert worden), dass das Gehirn Weltbilder liefert, und es ist klar, dass dieses Organ seinen Dienst besser tut, wenn die von ihm angefertigten Bilder mit der Wirklichkeit zumindest nicht in eklatantem Widerspruch stehen. Wer rote Früchte nicht von einem grünen Hintergrund unterscheiden kann oder angreifende Feinde als unbewegte Gestalten deutet, hat wenig Aussicht, ein fortpflanzungsfähiges Alter zu erreichen. Mit anderen Worten, er wird aussterben. Ein Zitat des Evolutionsbiologen Gaylord Simpson zu diesem Thema ist fast zum geflügelten Wort geworden: »Der Affe, der in seinem Gehirn kein Bild des Astes hatte, nach dem er sprang, war bald ein toter Affe und kam insofern nicht als einer unserer Vorfahren in Frage.«

Die wissenschaftliche Erfahrung

Die Bilder, die das Gehirn den Überlebenden liefert, passen sicher gut auf den Teil der Realität, der biologisch relevant war und ist, der auf uns eingewirkt hat und noch einwirkt. Wir haben ihn oben die Wirklichkeit genannt. Aber unser Geist ist dabei nicht stehen geblieben. Wir haben – mit einem Wort des Philosophen Gerhard Vollmer – die »kognitive Nische« unserer Alltagserfahrung verlassen und dabei auch erkundet, was unseren Sinnen nicht zugedacht und nicht zugänglich war. Wir haben gelernt, die Dinge zu durchschauen, und mit der Ausbildung des wissenschaftlichen Geistes begonnen. Wir wollen hier nicht beanspruchen, diese Fähigkeit präzise ableiten oder erläutern zu können. Hier geht es nur darum zu zeigen, wie dieser Weg in bestimmter Weise tatsächlich nur gegen den gesunden Menschenverstand gefunden werden konnte, wie er sich gegen unsere Intuition absetzt und sich nur in diesem umgekehrten Sinne auf sie stützt.

Der Hinweis, dass es das Kennzeichen einer wahrhaft wissenschaftlichen Erfahrung ist, dass sie im Widerspruch zur Alltagserfahrung steht, findet sich zum erstenmal explizit formuliert bei dem französischen Philosophen Gaston Bachelard, der 1938 seine Untersuchung über »Die Bildung des wissenschaftlichen Geistes« veröffentlicht hat (2). Im Untertitel verspricht der Autor einen »Beitrag zu einer Psychoanalyse der objektiven Erkenntnis«. Bachelard vertritt darin eine erstaunliche »philosophische These«. Er schreibt (leider ohne besondere Begründung): »Der wissenschaftliche Geist muss sich gegen die Natur bilden, gegen das, was in uns und außerhalb unserer selbst Anstoß und Weisung der Natur ist, gegen die Vereinnahmung durch die Natur, gegen die bunten und vielgestaltigen Tatsachen. Der wissenschaftliche Geist muss sich bilden, indem er sich umbildet.« Oder kurz und drastisch formuliert: »Eine wissenschaftliche Erfahrung ist eine Erfahrung, die der gewohnten Erfahrung widerspricht.«

In dieser keine Ausnahme duldenden Formulierung stimmt dieser Satz natürlich nicht, denn wir erleben den uns umgebenden Raum nicht nur als dreidimensional, es stellt sich auch im Rahmen der Physik heraus, dass es tatsächlich nicht mehr und nicht weniger als drei Richtungen im Raum gibt, die unabhängig voneinander existieren. Zwar konstruieren einige moderne physikalische Theorien einen Kosmos, in dem es insgesamt zehn Dimensionen des Raumes gibt, aber sieben davon hat es nur »früher« einmal gegeben, nämlich am Anfang des Universums, und dieser physikalische Zustand – vor allem seine Dichte, die Art seiner Bausteine und seine Temperatur – hat mit unserer Wirklichkeit einfach überhaupt nichts mehr zu tun (3). Nicht einmal eine Zeit können wir für den Anfang festlegen, denn das, was wir physikalisch unter Zeit verstehen, messen wir mit den Schwingungen von Atomen, die es am Anfang weder gab noch geben konnte. Inzwischen – so die Theorie – haben sich die sieben verborgenen Raumdimensionen allerdings aufgerollt, so dass sie für unsere Sinne nicht mehr erfahrbar sind. Selbst von den noch viel empfindlicheren physikalischen Apparaten können sie nicht registriert werden. Sie bleiben verborgen und sind somit weder wirklich noch existent. Was die verborgenen Dimensionen in diesem Sinne sind, bleibt eine amüsante Frage mit offener Antwort.

Diese unwirklichen Theorien vom Ursprung der Welt ändern nichts an der einen und einzigen Dimension der Zeit, die wir auch intuitiv kennen. Also auch hier stimmt die Alltagserfahrung mit der wissenschaftlichen Kenntnis überein. Im Grunde geht unsere Intuition in diesem Fall sogar noch weiter als die Physik, denn wir wissen aus unmittelbarer Anschauung auch, dass die eindimensionale Zeit lediglich eine Richtung hat. Sie läuft nur nach vorne und nicht zurück. Da sind die Gesetze der Physik offener oder undeutlicher. Sie lassen zumeist eine Umkehr der Zeit zu und es fällt ihnen ungeheuer schwer, die eine existierende Richtung zu verstehen oder zu begründen. Für einen Physiker – als Wissenschaftler – ist es keineswegs selbstverständlich, dass die Zeit so gleichmäßig vergeht, wie er es als Mensch erlebt.

Die gegenläufigen Tendenzen

Wir müssen also die Behauptung von Gaston Bachelard abschwächen, dass der wissenschaftliche Geist der Alltagserfahrung immer und überall widerspricht, und konstatieren daher bloß, dass sich der wissenschaftliche Geist vielfach gegen die Erfahrungen des gesunden Menschenverstandes durchsetzen muss. Durch das intuitive und an alltäglichen Erfahrungen orientierte Erkennen werden Hindernisse aufgebaut, die es zu überwinden gilt. Die Kritik des gesunden Menschenverstandes besteht in ihrem Kern darin, dass wir oft nicht bemerken, vor einem solchen Hindernis zu stehen. Wir glauben uns am Ziel (des Erkennens) und sind doch bloß gegen die Schranke gestoßen, die die Biologie bei der Herkunft des Geistes errichtet hat. Worin diese Hindernisse beziehungsweise Erfahrungen bestehen, haben wir uns teilweise im letzten Kapitel angesehen. Dabei wurde erwähnt, dass es parallele Tendenzen in den Entwicklungen bei der kindlichen und der wissenschaftlichen Erkenntnis gibt. Diese Parallelität bleibt aber nicht alleine maßgebend. Ihr scheint eine zweite Bewegung entgegenzulaufen, die ein allzu einfaches

Bild des allgemeinen geistigen Aufwachens verhindert.

Denn bevor das Erforschen eines Gegenstandes einsetzt, muss man erst einmal auf ihn aufmerksam geworden sein. Er muss sich deutlich im Bewusstsein abheben und uns ein Problem stellen. Wir müssen – wie es so schön heißt – problembewusst werden. Daher wird man erwarten, dass sich das wissenschaftliche Interesse zuerst denjenigen Gegenständen zuwendet, auf die unsere kognitive Entwicklung zuletzt aufmerksam wird. Denn was wir zuerst wahrnehmen und akzeptieren, wird uns so vertraut und selbstverständlich, dass wir erst ganz zuletzt fragen, wie es zustande gekommen ist.

Dieser Zusammenhang kann an einem Beispiel sehr einfach skizziert werden. Wenn wir als Kinder die Augen aufmachen, sehen wir zuerst unsere Eltern, wir erfahren eine Welt, die voller Leben steckt. Was immer wir sehen, es lebt (ebenso wie die kleinen Hunde und Bären in unserem Bett). Nach und nach geht unser Blick weiter nach außen, er erreicht den Bettrand, die Zimmerdecke und irgendwann ganz zuletzt auch die Sterne. Und zu diesem Zeitpunkt sind wir alt genug, um Sätze zu bilden und mithin Fragen zu stellen. Wir fragen also, warum der Mond leuchtet und dies an verschiedenen Tagen auf verschiedene Weise tut. Offenbar verwundern uns nur die physikalischen Einzelheiten der Mondphasen. Der Mann im Mond selbst braucht keine weitere Erklärung. Mit ihm fühlen wir uns vertraut.

Wir staunen also zuerst über den Himmel. Unser wissenschaftlichorientiertes Nachdenken fängt so betrachtet mit seinen Sternen an. Und tatsächlich, die älteste Wissenschaft ist bekanntlich die Astronomie und die jüngste Wissenschaft ist die Biologie. Das Leben ist uns zu vertraut, als dass wir uns von vornherein darüber wundern. Die Biologie ist also nicht deshalb die sich zuletzt entwickelnde Wissenschaft, weil die Lebewesen und Lebensformen so kompliziert sind, sondern weil uns das Lebendige von Anfang an vertraut ist.

(Eigentlich hat es vor der Astronomie schon eine andere und umfassendere Wissenschaft gegeben, die Philosophie nämlich. Wenn man auch geteilter Meinung über den Status der Philosophie sein kann, so leuchtet in dem hier verhandelten Zusammenhang doch ein, dass sie so deutlich am Anfang unserer wissenschaftlichen Einvernahme der Welt steht, denn erst am Ende unserer geistigen Entfaltung fangen Kinder an, sich andere Welten auszudenken und Alternativen zu erwägen.)

Ein zweites Beispiel können wir der Mathematik oder Geometrie entnehmen. Als kleine Kinder haben wir mit unseren Fingern keine Schwierigkeiten, Figuren auf Grund solcher Eigenschaften zu unterscheiden, die die Mathematiker als topologisch bezeichnen. Hierbei kommt es nicht auf Linien oder Winkel an, hierbei spielen die Deformierbarkeit eine Rolle und die Frage, ob man eine Figur stetig in eine andere überführen kann (Abb. 10). So kann man zum Beispiel einen Ring strecken und in eine längliche Schleife verwandeln oder man kann ihn mit Ecken versehen und zu einem Quadrat machen. Eine Kugel kann dabei aber nicht entstehen und ebenso wenig eine Acht mit zwei Löchern. Das eine Loch in der Mitte kann nämlich nicht verschwinden und es kann sich auch nicht verdoppeln.

Erst später lernen wir als Kinder so genannte metrische Eigenschaften des Raumes kennen, bei denen die

Länge von Linien und die Größe von Winkeln wichtig werden, jene Parameter also, die die Grundlage der euklidischen Geometrie bilden. Auf dem Weg dahin erfassen wir noch als Zwischenstation die so genannten projektiven Eigenschaften des Raumes, die in der Idee der Perspektive zum Ausdruck kommen und vor allem von der Konzeption einer geraden Linie abhängen. (Für den, der es zum erstenmal beobachtet, ist es erstaunlich zu sehen, welche Schwierigkeiten – oder wie wenig Lust – kleine Kinder haben, eine gerade Linie zu zeichnen oder mit Bausteinen nachzustellen.) Während also die Kinder auf ihrer Entwicklung von den topologischen über die projektiven zu den metrischen Qualitäten gelangen, ist die Geschichte der Geometrie genau andersherum verlaufen, worauf wiederum Piaget schon früh hingewiesen hat (4). Zuerst kam Euklid, im 19. Jahrhundert tauchte schließlich eine projektive Geometrie auf und

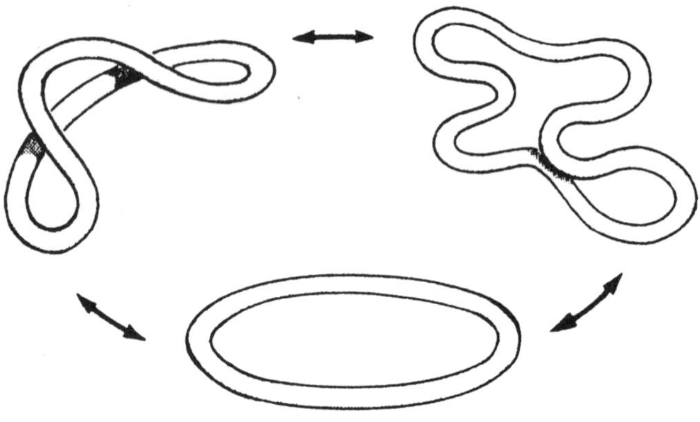

Abbildung 10: Figuren, die durch stetige Umformungen ineinander überführt werden können, sind topologisch äquivalent. Mit dieser Eigenschaft können Kinder schon in sehr jungen Jahren umgehen.

Topologie betreiben erst die Mathematiker unseres Jahrhunderts.

Dieser antiparallelen Tendenz überlagert sich unmittelbar im gleichen Denkbereich ein paralleler Gang der Entwicklung, wie am Begriff der Operation verdeutlicht werden kann (5). Die Mathematiker, die zur Zeit Euklids lebten, konzentrierten sich nämlich auf die geometrischen Formen und ihre Eigenschaften, die natürlich als Ergebnis einer bestimmten Operation zustande kamen. Sie interessierten sich nicht für die Operation selbst. Dies tut ein Kind (in der präoperationalen Phase) zunächst auch nicht. Es entdeckt nur einige Formeigenschaften und lernt, mit ihnen umzugehen. Die Rolle seiner Operationen wird ihm erst in der nächsten Phase klar. Die Kinder dieser Stufe schauen nun nicht mehr nur auf die Eigenschaften der Wirklichkeit, sie denken jetzt auch an mögliche konkrete Änderungen.

Dem entspricht in der Geschichte der Mathematik die Entdeckung von Algebra und analytischer Geometrie im 17. Jahrhundert. Die Mathematiker kümmerten sich von nun an mehr um die Operationen, die uns Kenntnisse der Eigenschaften verschaffen, die bestimmte Formen zeigen. So wurden in dieser Zeit viele neue Beweise für die alten Probleme der Griechen gegeben. Unter anderem konnte nun gezeigt werden, dass die Dreiteilung eines Winkels unmöglich nur mit Lineal und Zirkel bewerkstelligt werden kann. Gerade dies war zuvor jahrhundertelang versucht worden.

Diese Phase der Mathematik orientierte sich immer noch an solchen Gegenständen, die anschaulich waren und uns intuitiv zusagten, also die natürlichen Zahlen (1, 2, 3, 4 und so weiter) und der euklidische Raum, und in ihm wiederum Kugeln und Kreise. Erst im 19. Jahrhundert wurde der Schritt zur Mathematik als Strukturwissenschaft vollzogen. Untersucht wurden nun abstrakte Objekte wie Gruppen und Mengen und auch die Geometrie wurde so verallgemeinert, dass nichteuklidische Räume zugelassen wurden. Diesem Schritt entspricht der Übergang der Kinder in die Phase der formalen Operationen, in der einerseits die sichtbare Wirklichkeit an Bedeutung verliert und in der andererseits den Möglichkeiten der Phantasie mehr Platz eingeräumt wird.

Die organische Stufe

Wir sind hier deshalb so ausführlich auf die Rolle der Mathematik eingegangen, weil der Aufstieg der Wissenschaften, die sich mit der konkreten Wirklichkeit und den wahrnehmbaren Dingen beschäftigen, von einem bestimmten Konzept abhängt, das der Mathematik zugeordnet wird. Gemeint ist die Idee der Zahl. Keine Wissenschaft kann ohne Messung auskommen und wer messen will, muss erst einmal mit Zahlen umgehen können. Kinder bilden erst relativ spät diese Konzeption aus. Deshalb wundern wir uns auch nicht über die Tatsache, dass die griechische Mathematik ihrerseits mit einer Entdeckung über Zahlen beginnt, nämlich dem Nachweis, dass es nicht nur die natürlichen und ganzen Zahlen gibt (Abb. 11). Es ist leicht zu beweisen, aber schwierig zu verstehen, dass zwischen eins und zwei (oder sechs und sieben) noch andere Zahlen liegen sollen.

Wenn wir über die Zahlen hinwegsehen, stellen wir fest, dass die Wissenschaft von der Natur mit dem Blick an den Himmel beginnt und hierbei Objekte entdeckt, die leben. Die ersten Naturphilosophen der ionischen Schule betrachteten die Himmelskörper (man beachte die Wortwahl »Körper«) als Lebewesen. Auch die Erde lebte (sie tut es heute übrigens unter dem Namen Gaia wieder) und der Himmel war voll von ihren Kindern.

Diese organische Sicht hat bequem den mittelalterlichen Stillstand überdauert und ist nach der Renaissance wieder aufgetaucht. So stritt man sich zum Beispiel im 17. Jahrhundert um die Frage, welches Geschlecht denn ein Komet nun habe. 1665 beginnt zum Beispiel der Franzose Claude Comiers ein Buch über die Kometen mit folgendem Erklärungsversuch: »Da man bei Hofe hitzig darüber gestritten hat, ob Komet männlich oder weiblich sei, und da einer der Marschälle von Frankreich, um den Streit der Gelehrten zu beenden, erklärt hat, es sei notwendig, den Schwanz dieses Sternes aufzuheben, um zu erkennen, ob man ihn mit die oder der zu behandeln habe...«

Offenbar deutete man wie in der Antike bewegte Objekte als lebendige Körper und stellte sich vor, sie damit

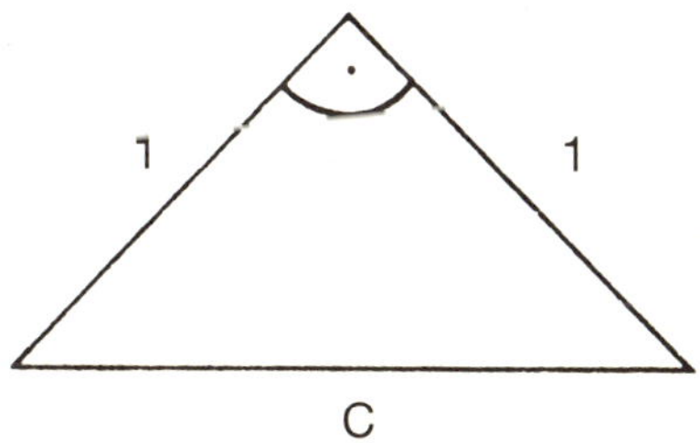

$$a^2 + b^2 = c^2$$
$$1^2 + 1^2 = 2$$
$$c^2 = 2 \rightarrow c = \sqrt{2}$$

Abbildung 11: In einem rechtwinkligen Dreieck gilt der Satz des Pythagoras. Wenn nun die beiden Seiten, die vom rechten Winkel ausgehen, gleich groß sind und die (willkürliche) Länge 1 bekommen, dann hat die Seite, die dem rechten Winkel gegenüberliegt, die Länge »Wurzel aus 2«. Und dies ist weder eine ganze noch eine natürliche Zahl, wie die Griechen sehr früh gesehen haben.

auch verstanden zu haben. Das Lebendige galt jedenfalls als einfacher als das Tote und Eigenschaften der anorganischen Materie wurden durch Phänomene erklärt, die von lebendigen Gebilden her vertraut waren.

Mit diesen Beispielen berichten wir aus einer Zeit, in der die heutige Form der Wissenschaft ihre ersten Konturen bekommt. Wir wollen daher ausführlich darstellen, wie der wissenschaftliche Geist an seinem Anfang lebendigen Vorstellungen verhaftet ist, wie sehr ihm der gesunde Menschenverstand animistische Hindernisse in den Weg stellt und gleichzeitig Klarheit vortäuscht.

Wir können unsere Behauptung mit Hilfe einiger Beispiele stützen, die aus der Chemie des 18. Jahrhunderts stammen. Sie finden sich in dem bereits erwähnten Buch von Gaston Bachelard, der ihnen allerdings eine verschiedene (zumeist sehr psychoanalytische) Deutung gibt (2), die wir hier ohne Bedauern übergehen können. Es ist charakteristisch für den Anfang des naturwissenschaftlichen Abenteuers, das Leben selbst für ursprünglich und einfach zu halten. Es erforderte keine oder nur sehr wenig Erklärung. So war es für den französischen Chemiker E. F. Geoffroy im frühen 18. Jahrhundert ganz natürlich, dass es viel schwieriger ist, tote Stoffe (Mineralien) zu verstehen: »Die metallischen Substanzen, die ein engeres, fester gefügtes und zäheres Gewebe bilden als die Pflanzen und die Tiere, verlangen eine viel längere und hartnäckigere Bearbeitung, wenn man ihre Prinzipien isolieren und ihre Unterschiede erkennen will.«

Leben und Wachstum sind zumindest in dieser Epoche immer noch das Selbstverständlichste auf der Welt und so wird alles andere damit erklärt. (Das Leben selbst wird gesondert auf einen Lebensstoff zurückgeführt, auf den wir noch zu sprechen kommen werden.) Die organischen Abläufe werden als ursprüngliche Gegebenheiten allen chemischen Prozessen zugrunde gelegt. Verbrennung und Fäulnis werden als Erscheinungen verstanden, die dem pflanzlichen und tierischen Wachstum entgegengesetzt sind. Elektrizität wird als Lebendigkeit des Metalls verstanden. Ganz natürlich wird von den »Krankheiten der Mineralien« gesprochen und behauptet, der Ursprung dafür liege in »der Unvollkommenheit ihrer Gebärmutter«.

Auch das Konzept der Krankheit, die als selbständige, klare und absolute Entität angesehen wird, findet also seinen Eingang in die Welt der materiellen Gegenstände. Rost gilt als Makel und man glaubt, dass vor dem Sündenfall »die Mineralien und Metalle im Schoß der Erde frei« davon waren. Im späten 18. Jahrhundert wird Rost aber zu einer Krankheit, von der das Eisen befallen werden kann. So verliert ein Magnet seine Kraft – wie es heißt –, wenn er vom Rost zerfressen wird. (Natürlich ist zu dieser Zeit jede Kraft eine Lebenskraft.)

Am Ende des 18. Jahrhunderts spricht man auch von der Fruchtbarkeit der Minerale und traut den Metallen zu, sich wie die Lebewesen zu reproduzieren. Es wird sogar berichtet, dass Eisenspäne in ausgebeutete Minen gestreut werden, um dem Metall eine raschere Vermehrung zu ermöglichen. Mit anderen Worten, man sät Eisen. Und nach der Aussaat wartet man 15 Jahre bis zur Ernte, wie der Chronist Crosset de la Heaumerie berichtet: »Es kann gar kein Zweifel sein, dass diese so reichhaltige Vermehrung des Eisens daher kommt, dass das alte, in die Erde gelegte Eisen verrottet und sich mit den durch Regen verdünnten Samenfermenten des gleichen Bergwerks vermengt; das hat zur Folge, dass die

Samenessenz des alten Eisens, nun, da es aufgelöst und von den Banden befreit ist, die es umschlossen hielten, etwa in der gleichen Art wirksam wird wie die anderen Samen und gleich einem Magneten die Luft, das Wasser und das Salz der Erde an sich zieht und in die eigene Natur umwandelt, so dass sie im Laufe der Zeit zu Eisen werden.«

So kommt durch das organische Bild eine falsche Klarheit in die Erkenntnis, die sich an der Vertrautheit der intuitiven Bilder stützt. Die Einführung des Lebenskonzepts in einen völlig fremden Bereich verschwindet erst im 19. Jahrhundert, als der wissenschaftliche Geist sich von solchen Vorstellungen löst und sich besser herausbildet.

Zunächst aber dienen die biologischen Erscheinungen noch zur Erklärung der physikalischen Eigenschaften. Als beliebte Bilder aus der Anatomie finden dabei Adern und Haare Verwendung. Im 18. Jahrhundert stellt zum Beispiel Nicolaus Fuss immer bessere Magneten her. Um die »unterschiedlichen Formen des Magnetismus« zu erklären, denkt er sich die Bewegung einer Flüssigkeit aus, die »in den Poren des Magneten« fließt, »der nach einhelliger Auffassung aus aneinander liegenden, parallelen und mit Stacheln besetzten Röhren gebildet ist; ähnlich den Venen und Lymphgefäßen und anderen für den Flüssigkeitskreislauf in der tierischen Ökonomie bestimmten Leitungen, ähnlich auch kleinen Haaren oder Ventilen, die in gleicher Richtung angeordnet, freien Durchgang solchen Flüssigkeiten gewähren, die in den Poren in der gleichen Richtung fließen und sich jeder Bewegung entgegenstellen, die in die umgekehrte Richtung geht«.

Bachelard bemerkt dazu: »So reibt er seine Magnete,

wie er eine Katze streichelt. Seine Theorie reicht nicht weiter als seine Tätigkeit.« Etwa zur selben Zeit (um 1785) wird in einem Bericht an die alte Ansicht des Holländers Christiaan Huygens erinnert, der zufolge Magneten aus hohlen Prismen bestehen. Diese Auffassung leuchtet nun besonders ein, weil man diese hohlen Prismen mit den Adern und Lymphgefäßen in den Körpern der Tiere vergleichen kann. Offenbar wirkt ein organisches Bild natürlich und damit überzeugend.

Die innere Bewegung

Ebenfalls noch im 18. Jahrhundert versucht der Engländer David Macbride in so genannten »experimentellen Essays über medizinische und philosophische Themen« zu klären, wie eigentlich der Prozess der Gärung abläuft. Es gehörte zu den Kenntnissen seiner Zeit, dass dieser Prozess »eine innere Bewegung seye, welche von sich selbst zwischen den unfühlbaren Theilen eines Körpers entstehe und eine neue Lage und verschiedene Verbindung dieser Theilen hervorbringe«.

Er will nun experimentieren und beginnt seine Versuche mit einem Gemisch aus Brot, Hammelfleisch und Wasser. Variationen kommen durch Zumischung von Zitrone, Speichel, Honig oder Branntwein zustande. Nach einigen Beobachtungen mit Augen und Nase wird die stattfindende Gärung schließlich als ein Verdauungsprozess erklärt. Denn – so fragt der Autor – wird der innere Vorgang im Magen nicht »durch die gelinde Wärme des Orts, durch das Übergebliebene der vorigen Mahlzeit und durch die gärende Kraft des Speichels und Magen-Safts vermehret«?

Offenbar wird auch hier die Erscheinung des Lebens

zur Grundlage eines chemischen Phänomens gemacht. Dabei zeigt sich das animistische Hindernis bei einem ganz natürlichen Thema. Wir wollen für einen Augenblick der bevorzugten Funktion der Verdauung und ihrer Wirkung auf die Wissenschaft ein besonderes Augenmerk widmen und benutzen wieder die Quellen, die Bachelard ausfindig gemacht hat. Man findet dabei sogar zwei Richtungen, in die der gesunde Menschenverstand wirkt.

Auf der einen Seite wirken sich die unmittelbaren Erfahrungen durch die Sinne aus. Denn die Verdauung selbst wird durch einen Prozess verstanden, der sich tagtäglich vor unseren Augen abspielt, nämlich durch das Kochen. Auch der Magen, so sieht man es im 18. Jahrhundert, setzt durch ein kleines Feuer die Stoffe frei, die einem zum Beispiel in den Kopf steigen. Die Verdauung, so erfährt man damals in der Akademie der Wissenschaften, ist »ein kleiner Brand«... Die Nahrung muss ebenso wie das Holz der Aufnahmefähigkeit des Magens proportioniert sein wie das Holz nach der des Herdes. Die Wärme des menschlichen Backofens ist allerdings sanft im Vergleich zum Feuer, das die Chemie entfachen muss, um vergleichbare Ergebnisse zu erzielen.

Indem so mit den Sinneserfahrungen die Verdauung verstanden worden ist, kann nun andererseits dieser Prozess in unserem Inneren dazu verwendet werden, um die chemischen Reaktionen zu deuten und darüber hinaus auch noch technisch zu verbessern und zu beschleunigen. »Die physikalische Erfahrung arbeitet auf der Ebene der biologischen Erfahrung« (Bachelard), was man daran sieht, dass manche Alchimisten nicht nur daran denken, ein Gemisch »zu ernähren und zu säugen«, sondern es manchmal auch tun. Sie gießen Milch in die Retorte oder füttern chemisch reagierende Stoffe mit Brot und Saft.

Auch die Eigenschaften von Metallen werden mit dem Bild der Verdauung erfasst und die Methoden zur Erhärtung von Stahl stehen unter dem Einfluss der Idee einer Nahrungsaufnahme.

In einem Artikel aus Diderots Enzyklopädie kann man die Idee der Ernährung des Eisens nachlesen: »Stahl herstellen heißt Eisen mit so viel Phlogiston oder brennbaren Teilen zu versorgen, wie es aufnehmen kann. Zu diesem Zweck fügt man dem Eisen, das man in Stahl verwandeln will, alle Arten von Fetten bei, die eine große Menge des brennbaren Prinzips enthalten und dem Eisen mitteilen... Wegen dieses Prinzips verwendet man Stoffe aus dem Tierreich wie Knochen, Fleisch, Vogelfüße, Fell, Haare, usw.« Und was immer ein Metall chemisch zersetzt, hat selbst Hunger, wie zum Beispiel das Antimon, »der gefräßige Wolf«. Man erfährt, »die gewöhnlichen Ätzmittel trachten in ihrem Hunger die Metalle zu verschlingen, um ihren Hunger zu stillen, sie greifen sie mit Ungestüm an«.

Der oben erwähnte Begriff »Phlogiston« erlaubt einen weiteren Hinweis auf die hemmende Wirkung des gesunden Menschenverstandes, der von den Sinneseindrücken erdrückt wird. Mit diesem Wort bezeichneten die Chemiker des 18. Jahrhunderts den »Feuerstoff«, der offensichtlich entweicht, wenn ein Gegenstand brennt. Vorgeschlagen wurde diese Deutung durch Georg Stahl, der sich unter dem Phlogiston einen besonders feinen gasförmigen Stoff vorstellte. Es war so offensichtlich, dass es diesen Feuerstoff geben musste, dass jahrzehntelang niemand auf die Idee gekommen ist, einmal eine

Waage zu benutzen. Man sah doch mit eigenen Augen, dass zum Beispiel ein Stück Holz durch ein Feuer kleiner wurde. Tatsächlich können kompliziert zusammengesetzte organische Stoffe leichter werden, wenn sie den Flammen ausgesetzt werden. Dies trifft aber nicht bei einfachen (das heißt nicht zusammengesetzten) anorganischen Materialien zu. Als Lavoisier sich dann schließlich die Mühe machte, das Gewicht von brennbaren Metallen nachzuprüfen, stellte er fest, dass verbrannte Stoffe nicht leichter, sondern schwerer werden. Da entweicht nichts, da kommt im Gegenteil etwas hinzu (nämlich Sauerstoff, wie wir heute wissen). In der Tat, der Weg zur Wahrheit kann hierbei nur gegen unseren gesunden Menschenverstand beschritten werden.

Kehren wir zum Bild der Verdauung zurück, das immer mehr erweitert wird und in einigen kosmologischen Entwürfen die Erde schließlich selbst zum Verdauungsapparat macht. Sie wird zum Magen der Pflanzen. Die Erde bereitet die Stoffe, aus denen Pflanzen und Früchte bestehen, wie ein Magen mit Hilfe der Sonnenwärme vor. Sie kocht und verdaut die Mineralien, und dies – so die damalige Vorstellung – gelingt ihr mit Hilfe von Adern, die die Erde durchziehen. Zwar sind diese Adern nur hypothetische Gebilde, aber dies hinderte den französischen Naturforscher Hecquet zum Beispiel nicht daran, folgenden Schluss des gesunden Menschenverstandes zu ziehen: »Die Natur scheint also die Erde fast nach dem Vorbild des menschlichen Körpers gebildet zu haben.« Die Erde – so glaubten damals die Mitglieder der französischen Akademie der Wissenschaft – hat ihre Eingeweide und ihre Filter. Es gibt eine Leber, eine Milz, Verdauungsorgane und daneben Knochen und Skelette.

So, wie man in der Erde und in den Metallen eine Verdauung am Werk sieht, so will man darin natürlich auch sexuelle Fähigkeiten finden. Alchimistische Operationen werden als Kopulationen beschrieben – männliches und weibliches Gold wird zum Beispiel unterschieden – und das Bild vom »metallischen Samen« findet häufig Verwendung: »Wenn du siehst, wie die Naturen sich im Glasgefäß vermischen und wie geronnenes Blut werden, dann sei gewiss, dass das Weib die Umarmung des Mannes erfahren … das königliche Kind also empfangen ist.« – »Dies ist das Gold, das in unserem Werk die Stelle des Mannes einnimmt und das man mit einem anderen, weißen und rohen Gold verbindet, das die Stelle des weiblichen Samens einnimmt, in der der Mann sein Sperma eingibt: beide vereinigen sich mit einem unlösbaren Bande … «

Diese Form des Denkens, die wir an dieser Stelle nicht länger verfolgen wollen, findet ihren Höhepunkt darin, dass sie auf die Erde und das Universum ausgeweitet wird. Unser Planet bleibt dann nicht bloß die Spenderin der Nahrung. Die Erde wird nun zur Erzeugerin und zur Mutter aller Wesen. Wir stammen alle aus ihrem Schoß.

Die innere Sicht

Ein weiteres schönes Beispiel für die Schwierigkeit, die der Common Sense der Erkenntnis macht, zeigt sich an seiner Reaktion auf die Erfindung des Mikroskops. Mit diesem Hilfsmittel öffnete sich vor seinen Augen eine Welt, auf die er überhaupt nicht vorbereitet war. Diese Situation ist nicht zu vergleichen mit der Erfindung des Teleskops, das unseren Sinnen eine Welt zeigt, die um Größenordnungen in die umgekehrte Richtung verschoben ist. Mit dem Teleskop sah man (zunächst jedenfalls) nur solche Gebilde genauer, die man zuvor schon mit dem nackten Auge anvisiert hatte. Mit dem Mikroskop aber sah man eine nie zuvor geschaute Welt. Und die sah ziemlich schrecklich aus.

Bei fast zweihundertfacher Vergrößerung sahen die ersten »Mikroskopiker« ein Gewimmel von Kleinstlebewesen, die in dauerndem Kampf zu liegen schienen und sich dabei selbst verschlangen. Der Holländer Swammerdamm fürchtete, seinen Glauben oder wenigstens seinen Verstand zu verlieren, als er zum erstenmal vor Augen hatte, wie kompliziert auch das schrecklichste »Gewürm« ist. Er tröstete sich damit, die Entdeckung als Hinweis auf die wunderbare Schöpfung Gottes zu verstehen, die sich nun auch im Kleinsten offenbarte.

Das Mikroskopieren führte (natürlich) zu einigen klassischen Irrtümern. Seine Anwendung erlaubte nämlich einen ersten direkten Einblick in die Entwicklung eines Lebewesens. Und die Forscher (zum Beispiel Antonin van Leeuwenhock um 1670 in Delft) glaubten, in den Spermatozoen des Menschen und mancher Tiere winzig kleine, aber schon fertige Lebewesen zu erblicken. Man meinte, die »Samentierchen« müssten sich nur noch auswickeln, und schon sei das Tier (oder der Mensch) fertig. Dieses Prinzip der konstanten Urform hielt sich hartnäckig. Denn als in der zweiten Hälfte des 18. Jahrhunderts entdeckt wurde, dass zerteilte Süßwasserpolypen sich ganz erstaunlich regenerieren konnten, wurde die Idee der Präformation nicht aufgegeben, sie wurde stattdessen mit Zusatzannahmen versehen.

Für unsere Zwecke verdient noch die Tatsache Beachtung, dass das Mikroskop zunächst und vor allem nur eingesetzt worden ist, um lebende Objekte anzusehen. Mineralien werden nur zufällig und selten zum Gegenstand dieser Art der Betrachtung. Hier erwartet man keine unbekannten inneren Strukturen. Und wenn man doch welche findet, deutet man sie als ein noch ruhendes oder sehr verlangsamtes Leben. So fand die wissenschaftliche Welt dieser Zeit es ganz natürlich, als der tierische Ursprung der Korallen nachgewiesen werden konnte. Am Anfang der Suche nach Erkenntnis steht also wie am Anfang unserer Existenz das Leben selbst.

Die aufgegebene Gewohnheit

Wir haben nun hinreichend gesehen, wie unser Erwachen mitten im Leben dazu führt, die Eigenschaften des menschlichen Organismus zunächst nicht als Ziel einer wissenschaftlich motivierten Frage anzusehen, sondern sie – im Gegenteil – als Erklärung anderer (unbelebter) Phänomene zu akzeptieren. Leben wird uns so selbstverständlich, dass wir erst mit seiner Erforschung anfangen, als wir in der Lage sind, das zu sehen, was für unsere Augen nicht vorgesehen ist und von ihnen normalerweise übersehen wird.

Im Folgenden wollen wir an der physikalischen Linie der Wissenschaftsgeschichte entlanglaufen, um zu verdeutlichen, wie viel von unserem Alltagswissen aufgegeben werden musste, damit dahinter die »wirklichen« Zusammenhänge in der Natur sichtbar werden konnten. Zum Alltagswissen des gesunden Menschenverstandes gehört zum Beispiel, dass er sich in einem euklidischen Raum zurechtfinden muss, in dem sich das Licht gradlinig ausbreitet und dabei auf Gegenstände trifft, die aus Atomen bestehen, die wir uns als kleine Kugel denken und folglich auch identifizieren können. Alle diese Eigenschaften sind aber heute verschwunden, nachdem der wissenschaftliche Geist die Welt genauer unter die Lupe genommen hat.

Schauen wir uns zunächst das Licht an. Damit können wir in jeder Hinsicht am besten sehen. Die ersten genauen Vorstellungen über seine Natur kennen wir von Sir Isaac Newton, der im 17. Jahrhundert einen Lichtstrahl als einen Fluss aus winzigen Lichtteilchen deutete. Newton fügte sich hier der dominierenden antiken Vorstellung, der zufolge es nur isolierte Partikel (die Atome, wie man damals noch sagte) und den leeren Raum gibt. So sieht auch der erwachende Verstand seine Mitwelt. Auffallend sind individuelle Gegenstände – heute zum Beispiel Malstifte, Spielzeugautos, Geldmünzen, Murmeln –, und zwischen ihnen sieht man nichts.

Der sichtlich intuitiven Vorstellung Newtons wurde zwar schon früh widersprochen – durch Christiaan Huygens und seiner Idee einer Wellenbewegung zum Beispiel –, aber es bedurfte erst einiger raffinierter Versuche zum Nachweis einer so genannten Interferenz, um zu Beginn des 19. Jahrhunderts die Idee populär zu machen, dass die Ausbreitung des Lichtes doch nicht als Teilchenstrom, sondern wellenartig erfolgt. Licht und Licht – so zeigte es die genaue Beobachtung – konnte Dunkelheit ergeben und diese Tatsache kann der klassisch geschulte Menschenverstand nur verstehen, wenn Wellenbewegungen beteiligt sind. Diesen Gedanken zu verstehen bleibt trotzdem schwierig, und zwar deshalb, weil eine Welle ein Medium braucht, das sie trägt. Die Wellen auf einem See brauchen etwa das Wasser und die Radiowellen brauchen die Luft. Wo sollte solch eine

Trägersubstanz denn für das Licht sein? Sie musste für uns unmerklich sein und neben der Luft existieren, die hierfür nicht in Frage kam. Hielten wir uns alle etwa auch in diesem Lichtträger auf?

Beim Nachdenken über diese Frage ersannen die Physiker einen hypothetischen Äther, in dem sich die Lichtwellen tummeln konnten. Die Wissenschaftler waren zu diesem Schritt gegen die unmittelbare Anschauung mehr oder weniger gezwungen worden, weil es zu viele Beobachtungen gab – Brechung, Beugung, Polarisation –, die (zunächst) nur durch eine Lichtwelle erklärt werden konnten. Solch ein Äther musste ziemlich paradoxe Eigenschaften in sich vereinen. Er musste viel dünner als Luft und zugleich viel härter (elastischer) als Stahl sein. Gerade daher wirkt es seltsam, dass an diesem Äther auch dann noch festgehalten wurde, als es längst erste Versuche gab, die seine Existenz nicht nur fragwürdig machten, sondern schon weitgehend widerlegten. Der Grund für dieses Festhalten liegt natürlich darin, dass der Äther trotz allem ein intuitives Konzept ist – als Bestandteil der Wissenschaft war der Äther wahrscheinlich gerade deshalb von Anfang an auch zum Scheitern verurteilt –, das zudem sehr beruhigend wirkte. Schließlich war der ganze Raum mit dem Äther ausgefüllt und so konnten alle Entfernungen leicht überwunden werden.

Wie wurde nun letztlich erkannt, dass diese Konstruktion unsinnig war? Physikalische Experimente am Ende des 19. Jahrhunderts hatten verdeutlicht, dass wir kein Mittel haben, mit dem wir feststellen können, ob wir uns im Hinblick auf diesen Äther bewegen oder nicht. Wir wissen einfach nicht, ob wir relativ zum hypothetischen Träger der Lichtwellen nun im Zustand der Ruhe verharren oder nicht. In solch einem Fall muss der schmerzliche Schluss gezogen werden, dass dieses Medium nur eine Fiktion ist. Die Möglichkeit, dass sich der Äther immer mit uns bewegt, wurde nicht ernsthaft erwogen. Offenbar lag die Phase des Denkens längst hinter der Wissenschaft, die bei Kindern dadurch charakterisiert ist, dass sie zum Beispiel annehmen, die Wolken bewegen sich, weil sie sich bewegen, und so zu dem Schluss kommen, die Wolken ziehen immer mit ihnen.

Doch musste nicht nur der Äther aufgegeben werden, als Albert Einstein zu Beginn des 20. Jahrhunderts jeder anschaulichen Natur des Lichtes endgültig den Garaus machte. Einstein akzeptierte ohne Wenn und Aber die Ergebnisse der Versuche, die nicht mit der These in Einklang zu bringen waren, dass sich das Licht in einem Äthermedium ausbreitet. Er schaffte den Äther einfach ab. So leicht dies vor allem aus heutiger Perspektive klingt, dieser Schritt hatte seine Konsequenzen für die Annahmen, die die Wissenschaft über die Natur von Raum und Zeit hatte. Wir werden gleich darauf zu sprechen kommen, denn in demselben Jahr (1905) zeigte Einstein auch etwas, das auf den ersten Blick versöhnlich aussieht. Wenn es keinen Äther gibt – so denkt man vielleicht ganz naiv –, dann kann Licht auch keine Welle mehr sein. Und genau dies traf auch zu, wie Einstein zeigen konnte. Wenn Licht auf festes Material (zum Beispiel einen Kupferdraht) auftrifft, verschwinden alle seine kontinuierlichen Eigenschaften und die alten Lichtteilchen von Newton tauchen wieder auf. Genauer gesagt, tauchen kleine Bausteine der Materie nach dem Zusammenprall auf, von denen man auf die Teilchen des Lichtstroms rückschließen konnte. Licht – so macht

Einstein überzeugend deutlich – ist nicht einfach, es hat eine zweifache (duale) Natur und entzieht sich insofern unserer Einbildungskraft vollständig. Wir müssen dies genauer sagen: Wir können uns nicht das Licht so ganz alleine für sich (das Licht an sich) anschaulich vorstellen. Wir können uns nur ein Bild von dem Licht machen, das mit einem anderen Objekt (etwa einem Spiegel) in Wechselwirkung steht. Das andere Objekt kann dabei auch das Licht selbst sein. Licht kann also als Welle oder als Teilchen in Erscheinung treten. Und als ob dies noch nicht genügte: Welche Natur des Lichtes zum Vorschein kommt, hängt nicht vom Licht, sondern vom Versuchsaufbau ab. Genauer und verblüffender formuliert: Die Natur des Lichtes ist keine objektive Größe, sie hängt vielmehr vom (experimentierenden) Subjekt ab. Der Beobachter legt das Objekt (mit) fest. Die alte Vorstellung des gesunden Menschenverstandes, dass der Beobachter und sein Objekt eindeutig und klar getrennte Größen sind und dass Objekte unabhängig festliegen, erweist sich in der Wissenschaft als trugerische Illusion (auf die wir noch genauer zu sprechen kommen werden).

Die verlorene Identität

Die angesprochenen Lichtteilchen – sie werden auch als Photonen bezeichnet – wurden von den Physikern zunächst als zwar winzige, aber immerhin doch konkrete Gegenstände betrachtet. Es dauerte wieder Jahrzehnte, bevor den Wissenschaftlern schmerzhaft klar wurde, dass die vorgestellte Dinghaftigkeit des Lichtes eine weitere Falle war, in die sie der gesunde Menschenverstand gelockt hatte. Nur intuitiv besteht die Welt aus

Dingen, in Wirklichkeit sind die Photonen keine Dinge mehr.

Die Wissenschaft, der wir diese Einsichten in die Realität verdanken, heißt Quantentheorie beziehungsweise Quantenphysik. Daher wollen wir die Photonen als Quantenobjekte bezeichnen (um ein Wort für sie zu haben). Der Ausdruck »Quantum« weist dabei auf den auffälligsten (aber nicht auf den tiefsten) Unterschied zur herkömmlichen Physik hin. Das Quantum wird uns noch eingehend beschäftigen. Hier reicht zunächst der Hinweis, dass seine Größenordnung festlegt, ob Objekte noch Dinge (im intuitiven Sinne) sind oder nicht.

Die Dinge, die wir kennen, bestehen, so gesehen, aus realen Größen, die selbst keine Dinge sind. Dies trifft auch für die Atome zu, die man sich vor 1920 (und leider intuitiv auch heute noch) als winzige Sonnensysteme vorstellte (Abb. 12). Die Elektronen umkreisen da-

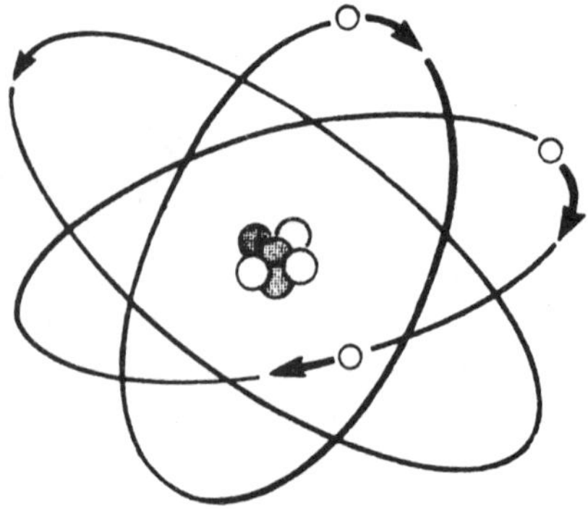

Abbildung 12: Das anschauliche (und also falsche) Modell eines Atoms. In ihm laufen winzige Teilchen (die Elektronen) auf präzise festgelegten Bahnen um einen schweren Kern. Weder der Kern noch die Elektronen sind Teilchen und Bahnen gibt es überhaupt nicht (sagt die Wissenschaft).

bei als Planeten den Atomkern, der als Zentralgestirn in Erscheinung tritt. Mit Hilfe dieses Modells kann sich der wissenschaftliche Geist leicht vorstellen, dass Atome keine Dinge (dieser Art) sein können. Denn schließlich sollen die Atome letztlich klar machen, wie der Kosmos aufgebaut ist. Wenn Atome nun erklären sollen, wie unser Sonnensystem aufgebaut ist, können sie selbst natürlich keine derartige Konstruktion sein.

Im Experiment gelingt es heute, ganz exakt nachzuweisen, wie wenig intuitiv dinghaft Photonen und Atome (oder deren Bausteine) sind. Man kann zum Beispiel zeigen, dass Photonen verbunden (korreliert) sein können, ohne dass zwischen ihnen eine physikalische (und damit intuitiv verständliche) Wirkung zustande kommt oder besteht. Allgemeiner noch stellt sich heraus, dass Objekte mit atomaren Ausmaßen (Quantenobjekte) überhaupt nicht identifiziert werden können. Ihnen fehlt die selbstverständlichste Eigenschaft, die wir von Dingen kennen. Wenn ich nämlich meinen Mantel in einem Restaurant irgendwo hinhänge, kann ich mir immer vorstellen, dass er da hängt, und später kann ich ihn mir wieder nehmen und anziehen, nachdem ich ihn unter vielen anderen Mänteln identifiziert habe. Dieses Identifizieren ist ein wichtiger Bestandteil unseres biologischen Erbes, mit dessen Hilfe wir uns in der Welt zurechtfinden. Bei Quantendingen geht das nicht. Ein Atom, das ich einmal angeschaut habe, ist danach verschwunden und kann nicht wiedergefunden werden.

Diese Eigenschaft der Quantenwelt wurde bemerkt, als man feststellte, dass Photonen und Elektronen ganz anders abgezählt werden müssen als die Dinge des Alltags. Um dies nachzuvollziehen, sehen wir uns ein Beispiel an. Wenn ein Ehepaar zwei Eier zum Frühstück essen will, gibt es vier Möglichkeiten. Jeder kann ein Ei essen oder einer von beiden verspeist zwei Eier. Obwohl die Eier gleich aussehen, kann man sie markieren und also identifizieren. Es macht beim Abzählen der Möglichkeiten also einen Unterschied, ob der Mann das erste oder das zweite Ei zu sich nimmt.

Dieser Unterschied fällt bei den Quanteneiern nun weg (Abb. 13). Es stellt sich nämlich Folgendes heraus: Wer zwei Photonen – dies wären die Eier – auf zwei Zustände (dies wäre das Ehepaar) verteilen will, hat nur drei Möglichkeiten. Es macht einfach keinen Unterschied mehr, wenn ich die Photonen vertausche. Und bei Elektronen wird es noch seltsamer. Da gibt es insgesamt nur noch eine einzige Möglichkeit, die zwei Objekte aufzuteilen (sprich: die zwei Eier zu essen), denn

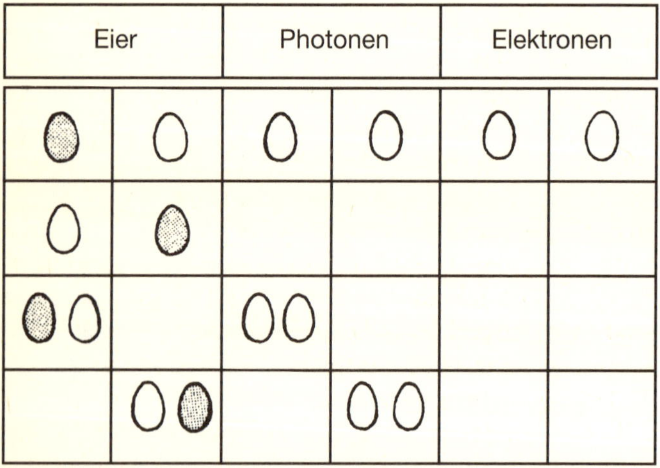

Abbildung 13: Die verschiedenen Möglichkeiten, zwei Eier auf zwei Personen zu verteilen. Klassische Eier können individuell unterschieden werden. Quanteneier verlieren ihre Identität und einige Freiheiten.

bei solchen Quantenobjekten ist es sogar ausgeschlossen, dass sie den gleichen Zustand einnehmen.

Die Gegenstände der Quantenwelt verlieren also die von uns aus gesehen charakteristischste Eigenschaft von Dingen, dass sie nämlich identifiziert werden können. Eigentum wäre in einer atomaren Welt ein völlig undenkbarer Begriff. Dies hat den Vorteil, dass man sich nicht darüber streiten kann, wem ein Quantenobjekt gehört, das plötzlich mehr oder weniger aus dem Nichts heraus erscheint. Und eine Versicherung braucht sich nicht den Kopf darüber zu zerbrechen, welche Prämien für das ebenso plötzliche Verschwinden von Objekten zu zahlen sind, das ohne weiteres erfolgen kann.

Auch durch diese beiden Eigenschaften – das Untertauchen ebenso wie das Auftauchen – unterscheiden sich die Quantenexistenzen ganz wesentlich von den Gegenständen des Alltags, deren Dauerhaftigkeit wir in ganz jungen Jahren als erste Eigenschaft der Kategorie Objekt kennen lernen. Hier trifft die These glänzend zu, dass eine wissenschaftliche Erfahrung der gewohnten Ansicht widerspricht. Der gesunde Menschenverstand würde nie verstehen, wie es Objekte geben kann, die sich einfach in Luft auflösen, wenn sie hinter ein Sofa rollen, und dass da wieder ein ganz anderes »Ding« auftaucht, wenn ich an dem Sofa kräftig rüttle – gemeint sind zum Beispiel energiereiche Photonen, die auf einen schweren Atomkern treffen und in seiner Umgebung Teilchen erzeugen.

Wem dies alles zu verworren und chaotisch erscheint, der sei daran erinnert, dass die Physiker solche Theorien nicht freiwillig aufgestellt haben. Sie sind einfach durch die experimentellen Ergebnisse dazu gezwungen worden. Und als sie mit mathematischen Mitteln verstanden hatten, wie die atomare Welt funktioniert, konnten sie sich sogar das oben beschriebene Bild machen. Und wenn sich ein Psychologe dieses Bild ansieht, stellt er fest, dass die Quantenobjekte so sind, wie die Alltagsgegenstände den kleinen Kindern erscheinen, bevor sich am Ende der sensomotorischen Stufe das Objektkonzept konsolidiert. In dem Fall geht also die Wissenschaft wieder einmal in eine andere Richtung als der erwachende Verstand. Er muss sich gegen die Biologie durchsetzen (und nicht etwa mit ihr), ohne sie allerdings hinter sich zu lassen oder – wie man vornehmer sagt – ohne sie zu transzendieren.

Die andere Geometrie

Möglicherweise verstehen wir insgesamt vieles besser, wenn wir es mit den Augen von Kindern betrachten. So selbstverständlich für uns gerade Linien sind, so schwierig sind diese Gebilde für kleine Kinder. Wenn man sie bittet, zwei Häuser (aus kleinen Legosteinen etwa) durch einen Weg zu verbinden, werden sie alle möglichen Verschlängelungen erfinden. Nur eine Gerade machen sie nicht. In der Tat, gerade Linien und rechteckige Gebilde sind unnatürlich, das Menschliche ist krumm und weich.

Genau dies trifft auch für den Raum zu, wie wieder Albert Einstein nachweisen konnte, und zwar in seiner »Allgemeinen Relativitätstheorie«, die 1916 erschienen ist. Am Ende eines ungeheuer komplizierten Weges durch ein riesiges Gebirge aus Mathematik stand Einstein auf einem einsamen Gipfel, der den Blick auf einen faszinierenden Zusammenhang freigab. Einstein sah – wenn man es ganz einfach und plastisch ausdrücken will –, dass der Raum entgegen jeder Intuition krumm und weich ist (also eigentlich sehr menschliche Züge hat, wenn ihm auch ein wenig die Wärme fehlt). Der Raum war nicht jenes eherne und ewige Gerüst, das dem Kosmos eine exakte euklidische Geometrie aufzwingt und in dem sich dann die Lichtstrahlen auf präzisen Geraden ausbreiten, wie sich Newton dies noch vorgestellt hatte (und wir alle dank unseres gesunden Menschenverstandes mit ihm). Auch liefen nicht die materiellen Objekte unabhängig vom räumlichen Rahmen auf Bahnen umher, die ausschließlich von den Gesetzen der Physik bedingt wurden.

Einsteins Überlegungen – und später die konsequente Verfolgung dieser Idee durch andere Physiker zeigten vielmehr, dass die zwei Größen Raum und Materie, die in uns völlig getrennt entstehen und bleiben, eng miteinander verbunden sind. Einmal kann es gar keinen Raum ohne Materie geben und die Materie krümmt den Raum auf sich hin. Sie biegt ihn sich zurecht. Und wenn sich also ein Gegenstand bewegt, nimmt er die von ihm bewirkte Raumkrümmung mit. Der Raum muss damit weich und elastisch sein. So abwegig dies beim ersten Lesen klingt, es waren gerade diese Vorhersagen Einsteins, die ihm im Jahre 1919 einen sagenhaften Ruhm bescherten. In dem Jahr gab es eine Sonnenfinsternis und damit die Möglichkeit, Einsteins Theorie an einem Lichtstrahl zu prüfen, der an der Sonne vorbeimusste. Wenn die Sonne den Raum messbar krümmt, müsste ein, von der Erde aus gesehen, sich hinter der Sonne befindender Stern unter einer Position zu beobachten sein, die gegenüber seiner aus den bekannten Koordinaten errechneten Lage etwas verschoben erscheint (Abb. 14). So klein die relevante Abweichung in Wirklichkeit auch war – es ging um Fingerbreiten bei Millionen von Kilometern –, sie wurde ganz genau nachgewiesen und geriet in die Schlagzeilen der Illustrierten. (Inzwischen hat man die Präzision dieses Versuches mit Satelliten um ein Vielfaches gesteigert. Und jedes Nachmessen beweist, dass sich Einstein nicht verrechnet hat.)

Einstein wurde ganz gegen seinen Willen zu einer bestaunten und umjubelten Kultperson. Im Grunde werden nur Sieger so gefeiert wie Einstein damals. Und wenn ich es richtig verstehe, dann feierte man damals den Sieg des wissenschaftlichen Denkens über die biologischen Fesseln des gesunden Menschenverstandes. Hier war etwas Befreiendes passiert, denn zum erstenmal war für alle sichtbar geworden, welche Kraft im Nachdenken steckt, dieser spezifischen menschlichen Eigenschaft. Wenn man es pathetisch haben will: Der

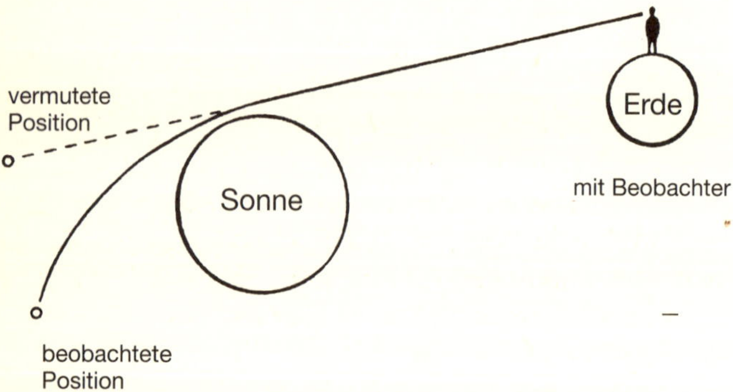

Abbildung 14: Wenn die Masse der Sonne den sie umgebenden Raum krümmt (wie es die Theorie vorhersagt), dann muss ein Stern, wenn man ihn direkt an der Sonne vorbei beobachtet, eine Position einnehmen, die von der verschieden ist, die man sonst sieht (wenn die Sonne nicht im Weg steht).

Geist hat hier tatsächlich über die Materie triumphiert. Er hat sich selbständig gemacht, im Grunde hatte Einstein gezeigt, dass genau der Schritt vollzogen werden kann, den Kant als Aufklärung bezeichnet hat. Einstein hatte den Menschen aus einer der vielen biologisch bedingten Unmündigkeiten befreit, wie wir die Hindernisse des gesunden Menschenverstandes auch nennen können. Aber damit war noch kein Ziel erreicht, nur ein Anfang war gemacht worden. Und wie schwer jeder einzelne Schritt noch werden würde, spürte Einstein dann selbst, als es um die Lösungen seiner Gleichungen ging.

Die verflixte Zeit

Als es nämlich den Mathematikern gelungen war, eine Lösung der Einsteinschen Beziehung von Raum und Zeit für unser Universum (sozusagen als Randbedingung) zu präsentieren, stellte sich heraus, dass damit ein Kosmos beschrieben wurde, der sich zeitlich entwickelt. Die Physiker – und mit ihnen Einstein – waren erschrocken. Sie hatten mit dem gesunden Menschenverstand angenommen, dass das Universum statisch und stabil ist, dass es in einer Art von ewigem Gleichgewicht schwebt. Natürlich sollten lokale und überschaubare Schwankungen erlaubt sein, aber das Weltall als Ganzes sollte in sich ruhen und konkret den Gedanken der Ewigkeit realisieren.

Doch nun zeigte sich, dass diese stabile Form nur ein Traum der menschlichen Seele war. Das Universum – so machten die Gleichungen deutlich – ändert sich mit der Zeit, und nicht nur das: Der Kosmos – so der unausweichliche Schluss – muss vor allem auch einen Anfang in der Zeit gehabt haben. Mit dieser Konsequenz riss der Geduldsfaden bei Einstein und er beeilte sich, seine Gleichungen zu ergänzen. Er fügte den so genannten »kosmologischen Term« hinzu, der dem Kosmos jeden Schwung nahm. Er ruhte nun tatsächlich in sich, wie es der gesunde Menschenverstand wollte.

Damit hatte Einstein – wie er selbst es später einmal genannt hat – den »größten Schnitzer meines Lebens« begangen. Denn hätte er (an dieser Stelle) weniger seiner Intuition und mehr seinen mathematischen Wegen vertraut, dann hätte er tatsächlich vorhersagen können, dass sich das Weltall ausdehnt (expandiert)! So wurde diese sensationelle Tatsache der kosmischen Expansion auf mehr oder weniger konventionelle Weise erst einige Jahre später im Rahmen experimenteller Arbeiten (durch die so genannte Rotverschiebung) entdeckt.

Sosehr man sich heute vielleicht auch an den Gedanken eines expandierenden Weltalls gewöhnt hat, er bleibt doch eine ziemlich massive Attacke auf den gesunden Menschenverstand. Denn er bedeutete nicht mehr und nicht weniger, als dass in jedem Augenblick Raum entsteht und dass es einmal einen Zeitpunkt gegeben haben muss – wir nennen ihn Urknall –, an dem die Schöpfung des Raumes begonnen haben muss.

Der Gedanke bleibt trotz aller durch Wiederholung erzielten Gewöhnung deshalb so schwer verdaulich, weil sogar unsere Vernunft uns sagt, dass die Frage eines zeitlichen Anfangs der Welt unlösbar ist. Diese Einsicht verdanken wir nämlich Immanuel Kant, der nach eigenem Bekunden das zentrale Problem seiner Kritik der reinen Vernunft dadurch erkannt hat, dass er zeigen konnte, dass man sowohl beweisen kann, dass die Welt einen Anfang in der Zeit hat, als auch das Gegenteil, dass sie nämlich keinen Anfang in der Zeit hat. In knappster Form sehen seine Argumente etwa so aus: Die Welt muss laut Kant einen zeitlichen Ursprung haben, weil es sonst eine unendliche Zeitfolge gibt, die heute abgeschlossen wäre, und dies wäre widersprüchlich. Sie kann auf der anderen Seite keinen zeitlichen Ursprung gehabt haben, weil es sonst ein Zeitintervall gibt – das letzte Intervall vor dem Urknall –, das zugleich leer und strukturiert ist, was wiederum ein Widerspruch wäre.

Diese Antinomie wird durch den einfachen Gedanken des Urknalls – Explosionen kann sich der gesunde Menschenverstand gut vorstellen, weshalb man dieses Bild eigentlich nur mit größter Skepsis gebrauchen sollte – natürlich nicht aufgelöst. Sie macht uns im Grunde genommen nur klar, dass wir die Zeit noch lange nicht so gut verstehen wie den Raum. Denn Kant hat zwar dieselbe Antinomie auch für den Raum beschrieben, doch dieses Problem hat die Allgemeine Relativitätstheorie tatsächlich lösen können. Bei der Lösung bleibt selbstverständlich unser gesunder Menschenverstand wieder auf der Strecke.

Die begrenzte Unendlichkeit

Die Frage »Hat die Welt einen Anfang im Raum«, konnte Einstein dadurch beantworten, dass er die Begriffe »unbegrenzt« und »unendlich« genauer unterschied. Um ihn zu verstehen, stellen wir uns einen Globus vor. Er ist sicher nicht unendlich groß, aber wer mit dem Finger auf ihm entlangfährt, findet auch keine Grenzen für seine Bewegung. Wer sich nur auf der Oberfläche des Globus aufhält, für den macht die Frage keinen Sinn, ob es ein Ende oder einen Anfang gibt. Er lebt in einer zwar endlichen, aber unbegrenzten Welt.

Genauso müssen wir uns nach Einstein auch den Kosmos vorstellen – allerdings alles um eine Dimension höher. So wie der Globus eine zweidimensionale Oberfläche in einer dreidimensionalen Welt hat, genauso ist unser Kosmos die dreidimensionale Oberfläche eines vierdimensionalen Gebildes, das oft auch als Raum-Zeit-Kontinuum bezeichnet wird. Solch eine bizarre Vorstellung ist nicht nur unanschaulich, sie muss gegen den Widerstand unseres natürlich erworbenen Wissens – gegen unseren gesunden Menschenverstand – gebildet werden. Ein vierdimensionaler Raum übersteigt nur unsere Anschauungskraft, aber das Raum-Zeit-Kontinuum bindet zwei Kategorien – den Raum und die Zeit – untrennbar zusammen, die wir getrennt ausbilden, wenn wir heranwachsen.

Die beiden modernen Theorien der Physik – die Quanten- und die Relativitätstheorie –, die den gesunden Menschenverstand so schlimm beleidigen, greifen beide auf die Sprache der Mathematik zurück, um ihre Einsichten zu formulieren. Es überrascht uns daher nicht mehr, wenn wir auch auf diesem Gebiet Zusammenhänge finden, die vollständig antiintuitiv sind. Das einfachste Beispiel betrifft die Idee von Mengen mit unendlich vielen Elementen, wie es zum Beispiel die natürlichen Zahlen 1, 2, 3, 4 und so weiter sind. Die geraden natürlichen Zahlen (2, 4, 6 und so fort) bilden – wie man so sagt – eine Teilmenge aller natürlichen Zahlen, so wie die Frauen eine Teilmenge aller Menschen bilden. Nun gibt es sicher weniger Frauen als Menschen. Es gibt allerdings genauso viele gerade Zahlen, wie es natürliche Zahlen gibt (nämlich unendlich viele)! Dass eine Teilmenge genauso mächtig sein kann wie die Gesamtmenge – das kann der gesunde Menschenverstand ebenso wenig verstehen wie die Verknüpfung von Raum und Materie, die Vereinigung von Raum und Zeit, die Gegenstandslosigkeit der Atome und die verlorene Identität der grundlegenden Bausteine unserer Welt.

Unendlich ist natürlich eine besonders unanschauliche Größe und so dürfen noch ein paar kleine Spielchen mit diesem Konzept der Mathematiker erlaubt sein, um konkret vor Augen zu führen, warum sich gerade diese Tätigkeit des Menschen am weitesten vom öffentlichen Bewusstsein entfernt hat. (Übrigens, aus diesem Abstand zwischen Wissenschaft und Gesellschaft darf kein intuitiv bedingter Schluss auf die Verwendbarkeit der Mathematik für menschliche Tätigkeiten gezogen werden. Das genaue Gegenteil ist nämlich der Fall, wie ein Blick auf den heute allgegenwärtigen Computer zeigt, an dessen Anfang ein mathematisches Problem stand.)

Wenn man eine Linie auf ein Blatt Papier zeichnet, dann ist die Linie offensichtlich viel weniger voluminös als die Fläche der bemalten Seite. Auf beiden befinden sich aber gleich viele Punkte (nämlich wieder unendlich viele)! Auf der Linie sind aber mehr Punkte, als es natürliche Zahlen gibt! Die Mathematiker konnten zeigen, dass die natürlichen Zahlen nicht ausreichen, um die Punkte einer Linie zu zählen. Sie bilden – wie es so schön im Jargon der Experten heißt – eine überabzählbare Menge.

Als auf diese Weise bewiesen werden konnte, dass es zwei Formen der Größe Unendlich gibt – es gibt die körnige Form, die abzählbar ist und durch die natürlichen

Zahlen repräsentiert wird, und es gibt die kontinuierliche Form, die nicht abzählbar ist und durch eine zusammenhängende Menge (etwa eine Linie) repräsentiert wird –, stellte sich natürlich die Frage, ob noch mehr solcher Formen vorhanden sind. Gibt es das Unendliche etwa als ein Kontinuum?

Der gesunde Menschenverstand erwartet hier ein Ja oder ein Nein. Und was haben die Mathematiker geantwortet? Es kann nicht entschieden werden, haben sie gesagt. In jedem Denksystem mit endlich (!) vielen Annahmen – und alle menschlichen Theorien gehören dazu – gibt es Behauptungen, die in dem vorgegebenen Rahmen nicht entschieden werden können, auch wenn sie wahr sind. Es gibt also wieder Hoffnung für den gesunden Menschenverstand. Denn wenn wir diesen mathematisch erfassten Sachverhalt richtig verstehen, bedeutet dies, dass der wissenschaftliche Geist nur das Beweisbare beherrscht. Die Wahrheit geht über das Beweisbare hinaus und bleibt davon unbetroffen. Sie kann noch beansprucht werden.

Die unendliche Grenze

Die Scherze, die die Unendlichkeit mit unserem Verstand treibt – und die wir ihr im Gegenzug streng mathematisch austreiben können –, haben in jüngster Zeit eine neue Variante und dabei zugleich eine neue Bedeutung erfahren. Es stellte sich nämlich heraus, dass man um Flächen von endlicher Größe eine unendlich lange Linie legen kann! Das heißt, entdeckt hatte dies der schwedische Mathematiker Helge von Koch bereits im Jahre 1904, als er die Konstruktion der heute als Kochsche Kurve bezeichneten Umrahmung vorschlug, die ein wenig an das Bild einer Schneeflocke erinnert (Abb. 15). Diese Kochsche Grenzlinie ist einerseits kontinuierlich, sie kehrt andererseits nie zu sich selbst zurück, sie wird zum dritten immer länger, je feiner sie zerteilt wird, doch dabei kommt sie schließlich nie über ein Gebiet hinaus, das man durch einen Kreis leicht begrenzen kann.

Wird die Kochsche Kurve wirklich unendlich lang? Das erste Dreieck hat drei Seiten mit der Länge 1, also hat der ganze Umfang die Länge 3. Die zweite Figur hat 12 Seiten mit der Länge $^1/_3$, also liegt der Umfang höher, nämlich bei $12 \times {}^1/_3 = 4$. Die dritte Figur hat 54 Seiten, deren Länge jeweils $^1/_9$ beträgt, wodurch der Umfang wieder größer wird. Er steigt auf $54 \times {}^1/_9 = {}^{16}/_3$ an, was nicht nur mehr als 4, sondern sogar mehr als 5 ist. Wir sehen dabei, dass nicht nur die Länge der Kurve von Schritt zu Schritt zunimmt, auch die Zunahme selbst nimmt zu, und zuletzt steigt die Länge über alle Grenzen.

Abbildung 15: Um eine Kochsche Kurve zu konstruieren, fängt man mit einem Dreieck an, dessen Seiten alle gleich lang sind und die Länge 1 haben. Nun errichtet man auf der Mitte jeder Seite jeweils ein kleineres Dreieck, dessen Seiten ebenfalls alle gleich lang sind, deren Länge aber nur ein Drittel beträgt. Diesen Vorgang wiederholt man, solange der Bleistift mitmacht: Jeweils auf der Mitte jeder Seite setzt man ein neues Dreieck, dessen Seitenlänge um den Faktor Drei schrumpft. Im Prinzip kann man dies unendlich oft wiederholen.

Dies widerspricht dem gesunden Menschenverstand. Intuitiv würde man doch zunächst denken, dass sich die Summe der immer kleiner werdenden Teilstücke einem endlichen Grenzwert nähert, der dann vielleicht für eine gegebene Art der Kurvenkonstruktion charakteristisch ist. Doch dies ist nicht der Fall. Die Begrenzung der Schneeflocke ist nicht genau anzugeben und dies hat auch sehr praktische Konsequenzen.

Dem Mathematiker Benoit Mandelbrot ist nämlich aufgefallen, dass sich dieses antiintuitive Anwachsen der Grenzlänge sehr konkret auswirken kann, nämlich dann, wenn man genau wissen will, wie lang denn nun zum Beispiel die Küste von Großbritannien genau ist (6).

Wir hatten bereits erwähnt, dass sich die Kochsche Kurve nie schneidet. Insofern kann sie als Modell einer Landesgrenze dienen. Mandelbrot war aufgefallen, dass wir den Vorgang, mit dem wir die Kochsche Kurve verfeinern, mehr oder weniger reproduzieren, wenn wir die natürliche Grenze eines Landes auf immer genaueren Karten verfolgen und ausmessen. (Künstliche Grenzen wie etwa die zwischen einigen amerikanischen Bundesstaaten müssen hier ausgenommen werden.) Als Mandelbrot Abschnitte der britischen Küste auf Karten mit verschiedenen Maßstäben auswertete, stellte er fest, dass die Länge der Küste mit den zunehmenden Details ebenfalls zunahm. Wenn der Maßstab kleiner wird, nehmen die Windungen des Küstenverlaufs zu, und damit wächst die Länge. In letzter Konsequenz kam Mandelbrot dabei zu dem Schluss, dass die Küste Großbritanniens in Wirklichkeit unendlich lang ist!

Jede natürliche Grenze ist unendlich lang, weil sie keine Figur aus der euklidischen Geometrie ist und immer feiner aufgezwirbelt werden kann. (Man stelle sich bloß vor, wir erhöhen die Auflösung so weit, dass Atome und Moleküle sichtbar werden!) Nur künstliche Grenzen sind endlich lang, weil Linien und Kreise sich entweder nicht ändern, wenn ich sie näher betrachte, oder sogar an Struktur verlieren. Eine Linie bleibt immer eine Linie und ein Kreis wird immer mehr zu einer Linie, wenn ich kleinere Ausschnitte aus seinem Umfang betrachte. Natürliche Linien – oder auch die Kochsche Kurve – zeigen immer reichere Strukturen, je näher man an sie herangeht. (Der liebe Gott steckt wirklich im Detail, wie die Philologen immer schon gewusst haben.)

Die chaotische Ordnung

Mit dieser Entdeckung hat Mandelbrot der Naturwissenschaft ein ganz neues Paradigma verschafft. Sie kann nun darangehen, auch Gesetze für die komplexen Erscheinungen der Welt, wie etwa das Wetter oder die Entwicklung der Aktienkurse, zu finden, die bislang unter dem Stichwort »chaotisch« als unbehandelbar galten. Hier hatte sich seit langem unbemerkt der gesunde Menschenverstand eingenistet, der scheinbar überzeugend verkündet, dass Gesetze und Vorhersagbarkeit (Determiniertheit) ein und dieselbe Sache sind. Da gab und gibt es die sicher und unerschütterlich erscheinende Annahme über die reale Welt, dass eine Ordnung durch Gesetze zustande kommt und nur durch sie gefestigt werden kann. Was in Ordnung ist, kann nicht durcheinander geraten, wenn alles nach strengen Regeln verläuft. Gerade dies aber widerlegt eine moderne Form der Physik, die am kürzesten mit dem Begriff »Chaostheorie« gekennzeichnet werden kann. Sie zeigt – mit mathematischen Mitteln –, dass ein Chaos determiniert (!) sein kann, dass es sozusagen nach den Gesetzen der Physik zustande kommt (6; 7). Die Gesetze bestimmen, dass das Ende eines Vorgangs unbestimmt ist!

Der gesunde Menschenverstand hat immer gedacht, dass einfache Systeme – ein Pendel zum Beispiel – ein einfaches Verhalten zeigen. Das aber stimmt nicht, weil es zum Beispiel – wie die mathematische Sprache genauer klar macht – nicht möglich ist, ein Pendel in Form eines Dreiecks schwingen zu lassen. Wer versucht, damit einen Wiener Walzer zu dirigieren (Dreivierteltakt), wird ein handfestes Chaos erleben. Nur die Perioden 2 und 4 können geordnet schwingen.

Ebenso hat der gesunde Menschenverstand immer angenommen, dass komplexe Verhaltensweisen komplexe Gründe haben müssen. Auch das stimmt nicht. Ganz einfache Ursachen können höchst komplizierte Wirkungen haben. Als Beispiel schauen wir uns etwa die Masern an. Diese Krankheit tritt »mal häufiger« und »mal seltener« auf und kann über die Jahre als oszillierende Kurve beschrieben werden. Nun will man der Masern durch eine Impfung Herr werden. Und nachdem das geschehen ist, sieht man sich auf den Kurven wieder an, wie eine Epidemie verläuft. Naiv würde man denken, dass es zu einer glatten und steten Abnahme der Fälle kommt. Tatsächlich aber nehmen die Schwankungen zu. Zwar geht langfristig die Zahl der Erkrankten zurück, aber nicht, ohne sich vorher noch einmal zu Spitzenwerten aufzuschwingen. Dieser antiintuitive Verlauf von Epidemien ist statistisch erfasst und von der (nichtlinearen) Chaostheorie gut verstanden worden.

Die gedankliche Bewältigung des Chaos birgt noch viele Überraschungen für den gesunden Menschenverstand, auf die wir den Leser nur hinweisen können (8; 9). Sie zeigt unter anderem sehr eindrucksvoll, warum einfache Fragen keine einfachen Antworten haben. Zum Beispiel die einfache Frage nach der Gestalt der Schneeflocke, mit der wir diesen Exkurs in das deterministische Durcheinander begonnen haben. Da reicht es nicht, die Diffusion der Hitze zu verstehen, wenn das Wasser friert. Da muss auch die Oberflächenspannung berücksichtigt werden. Die beiden Wirkungen zusammen sind dann in der Lage, ein subtiles Gleichgewicht zwischen Stabilität und Instabilität aufzubauen, das durch seine empfindliche Abhängigkeit von den zufälligen Anfangsbedingungen die unendliche Vielfalt der Schneeflocken beobachtet, die uns erfreut. Wir freuen uns dabei über die schöpferische Komponente, die aus dem Chaos erwächst und schön ist.

Die anschauliche Urzeugung

Es ist nicht ausgeschlossen, dass die kreative Kraft des Chaos auch ihre Bedeutung in der Frage hat, wie das Leben geworden und gewachsen ist. Möglicherweise gibt es eine sehr strenge Verbindung zwischen der Vielfalt der Lebensformen und dem Detailreichtum der Oberfläche, die ihnen zur Verfügung steht.

Zur Zeit kann man dazu noch nicht viel mehr sagen. Man kann aber ohne Risiko prophezeien, dass die Geschichte des Lebens in diesem Licht viele Hindernisse für den gesunden Menschenverstand aufweisen wird. Sie tut es nämlich schon von Anfang an, wie ein abschließender Blick auf die Vorstellungen verdeutlicht, die sich die Menschen über die Entstehung des Lebens gemacht haben.

Auf den Zusammenhang dieses Problems mit der naiven Intuition hat schon E. Lippmann vor mehr als fünfzig Jahren hingewiesen, als er schrieb (10): »Die unwiderlegbare Erfahrung durch den Augenschein bewies jahrtausendelang die Bewegung der Sonne um die Erde mit solcher Sicherheit, dass ein Zweifel an dem, was man doch andauernd selbst wahrnahm, überhaupt nicht aufkommen konnte; ganz ebenso bezeugte sie die ›Tatsache‹, dass in zahlreichen Fällen und unter geeigneten Umständen Lebendes aus Leblosem hervorgehe, und sie bestätigt das in so offenbarer Weise, dass ein Anlass, derlei Vorkommnisse näher zu ergründen, gar nicht gegeben war. Bei den verschiedensten Völkern begegnen wir daher von alters her der festen, auf oft bewährten Beobachtungen beruhenden Überzeugung, Pflanzen und Tiere, niedrige wie höhere, vermöchten ›von selbst‹ entstehen.«

Es war vor allem die Auffassung, dass Lebewesen durch eine Art von Urzeugung aus allen möglichen Verwesungsstoffen entstehen können, die sich über die Jahrtausende hin gehalten haben. Und ganz sicher kann niemand sein, dass die meisten Menschen auch in den heutigen, so genannten fortgeschrittenen Zivilisationen irgendwie doch noch der Meinung sind, dass Würmer von selbst aus faulendem Fleisch und Fliegen von selbst aus Pferdeäpfeln auftauchen. Man muss auch schon genauer hinschauen, wenn man in den Abfällen bloß die Umgebung erkennen will, in der die Tierchen ihre Eier ablegen, aus denen dann die nachfolgende Generation schlüpft.

Genauso wurde tatsächlich auch die Entstehung des

Lebens von den Wissenschaftlern des antiken Griechenland gesehen, die wir zumeist als Philosophen bezeichnen. Thales von Milet erklärte zum Beispiel, dass Lebewesen unter dem Einfluss von Wärme aus einem chaotischen Urschlamm hervortreten (11). Und Aristoteles zufolge erheben sich die Pflanzen aus der Erde, also aus dem Stoff, der ihnen am nächsten ist. Diese pflanzliche Urzeugung kann man seiner Meinung nach ebenso beobachten wie den Ursprung der Insekten und Würmer aus Brunnenschlamm, Schimmel, faulendem Holz und alter Wolle. Selbst Salamander erheben sich bei Aristoteles aus geronnenem Schlamm und Mäuse kriechen aus feuchter Erde hervor.

Der Gebrauch des Wortes Urzeugung darf nicht so missverstanden werden, dass damit die Erschaffung des Prinzips Leben gemeint ist. Für die ionischen Philosophen war die ganze Welt von ihrem Uranfang an belebt – gerade wie es der gesunde Menschenverstand an seinem Anfang erfährt. Der Begriff »Urzeugung« betraf die einzelnen Lebensformen und dann natürlich sehr viele von ihnen.

Mit dieser Idee einer vollständig belebten Welt geht natürlich der Gedanke an eine Ewigkeit des Lebens einher. Bei Anaximander etwa findet sich ausdrücklich der Gedanke, dass weder die Vernichtung noch die Entstehung des Lebens (an sich) möglich ist. Nur seine stetige Fortentwicklung ist garantiert, wie man ja auch deutlich sehen kann.

Im Grunde wird mit diesen Ansichten keine Erklärung des Lebens (und erst recht nicht seiner Entstehung) gegeben. Leben wird einfach hingenommen und lediglich mehr oder weniger genau in Worte gefasst. Eine erste »wissenschaftliche« Überlegung findet sich bei Aristoteles, der zwischen einem aktiven und einem passiven Prinzip unterscheidet. Das passive Prinzip nennt er Materie (oder Stoff) (griechisch: »hylos«) und das aktive Prinzip nennt er Form (griechisch: »eidos«). Die Materie an sich ist dabei unbelebt. Erst die Form bringt den Stoff zum Leben und erhält ihn auch in diesem Zustand.

Bei Aristoteles kann zum einen Leben aus unbelebtem Stoff entstehen und die Lebewesen bringen zum anderen wieder ihresgleichen hervor. Nach einer Erklärung der Urzeugung sucht man bei ihm allerdings vergeblich. Sie findet man erst ein paar hundert Jahre später bei den Kirchenvätern wieder. Und wie ein kleines Kind die Kausalität durch einen bestimmten Willen erklärt, so erklärt Basilius (315–379) zum Beispiel die Urzeugung durch einen Befehl Gottes an die Erde. Zuerst entstanden auf diesen Eingriff hin Gräser, Bäume und Pflanzen und denen wurde noch ein klein wenig Zeugungsfähigkeit mit auf den Weg gegeben, wodurch schließlich Heuschrecken, Mäuse und ähnliche Plagegeister ins Leben traten.

Beim heiligen Augustinus wurde die Idee der Urzeugung noch ein wenig verbrämt. So wie Gott immer Wein aus Wasser und Erde (und manchmal auch nur aus Wasser) entstehen lässt, so lässt er auch Lebewesen aus Samen und Stoff (und manchmal eben nur aus Stoff) werden. Die Urzeugung wird von Augustinus als göttliche Willkür verstanden, die den natürlichen Ablauf der Dinge unterbricht.

Im Grunde sind dies alles nebensächliche Themen gewesen. Der Ursprung des Lebens war damals einfach aus den erklärten Gründen heraus nicht interessant. Er ist erst in unserem Jahrhundert als Problem verstanden worden. Und bis heute ist daraus mehr oder weniger die

Grundfrage der Biologie geworden. Denn nach dem Ursprung des Lebens kann man ernsthaft erst fragen, wenn man wenigstens in Grundzügen weiß, was das Leben (biologisch gesehen) ist.

Im Mittelalter wurden die beschriebenen Theorien nicht verändert und nur durch phantastische Vorstellungen ergänzt, wie etwa den Gänsebaum, bei dem die Gänse aus den Eicheln herauswuchsen. Die Lehren solcher Lebensbäume oder Lebensmuscheln hielten sich der offiziellen Geschichtsschreibung zufolge bis ins 17. Jahrhundert. Ganz ausgestorben sind sie heute allerdings auch noch nicht, wie das Buch eines Nobelpreisträgers zeigt, der behauptet, Leben sei nicht auf der Erde entstanden, sondern von außen mit Raketen hierher eingeflogen worden (12). Ob sich in dieser Vorstellung nur in ganz lächerlicher Weise der gesunde Menschenverstand bemerkbar macht oder ob hier ein Verleger viel Geld für eine kernige Aussage versprochen hat, soll nicht weiter untersucht werden. Viele Leser hat die Behauptung jedenfalls nicht verwundert. Unserem Verstand leuchtet offenbar selbst in diesem wissenschaftlichen Zeitalter noch ein Gänsebaum ein, wenn er nur technisch raffiniert genug ist.

Die wissenschaftliche Urzeugung

So nach und nach erwachte im 17. Jahrhundert dann der heutige wissenschaftliche Geist und mit ihm geriet die Idee der Urzeugung unter Druck. Der toskanische Arzt Francesco Redi zeigte schließlich 1668, dass faulende Stoffe nur der Ablage von Eiern dienten. Die Maden waren in Wirklichkeit Larven, aus denen sich anschließend zum Beispiel Fliegen entwickeln konnten. Damit war aber das Konzept Urzeugung nur bei Insekten widerlegt. Auch Redi glaubte zum Beispiel weiterhin, dass Würmer sich aus Pflanzensäften bilden. Zu stark wirkte und wirkt aller Evidenz zum Trotz der gesunde Menschenverstand. In Hinblick auf die Entstehung des Lebens behielt er den beschriebenen Einfluss bis mitten in das 19. Jahrhundert hinein. Erst unter dem Gewicht der zunehmenden Kenntnis von dem komplizierten Bau der Lebewesen verlor der Glaube an eine Urzeugung etwas von seiner Überzeugungskraft, denn wie sollten sich derart raffinierte Formen spontan in strukturlosem Schlamm zusammengefunden haben?

Als nach 1850 die Idee einer Urzeugung chemisch verfeinert wurde und man nun meinte, zeigen zu können, dass jeder Erscheinung einer Urzeugung eine Gärung oder Fäulnis organischer Stoffe vorausging, gelang Louis Pasteur der Beweis, dass Lebewesen nicht spontan entstehen. Alle beobachteten Urzeugungen – so konnte Pasteur belegen – hingen nämlich von der Anwesenheit einiger lebensfähiger Keime ab, die bislang einfach übersehen worden waren. Wurden sie (zum Beispiel durch Kochen oder Luftmangel) vorher abgetötet, blieb selbst das feuchteste Stroh leblos. Es ist klar, dass sich Pasteur gegen den gesunden Menschenverstand durchsetzen musste, der die vielen Keime mit Augen sehen wollte. Die Widersprüche waren also massiv. Aber mit seinen aufwendigen Experimenten konnte Pasteur die Idee der Urzeugung von Lebewesen für immer begraben.

Genau genommen jedoch konnte er das nicht. Er konnte lediglich die Idee begraben, dass im Grunde überall Leben entstehen kann. Diese Vorstellung können wir als einfache Fortsetzung der ganz naiven Idee deuten, der zufolge Leben vorhanden ist. Mit der alten

Konzeption einer überall möglichen und dauernd eintretenden Urzeugung hatte sich der Verstand vorgeschwindelt, dass Leben und Nichtleben kontinuierlich (und zwar zeitlich und räumlich) ineinander übergehen. Pasteur war nun aber der Nachweis gelungen, dass es zwischen Leben und Nichtleben einen sprunghaften und unstetigen Übergang gibt. Denn irgendwann einmal muss das Leben entstanden sein. Und an diesem Punkt gibt es einen Bruch: Etwas lebt oder etwas lebt nicht.

Und dieser Sprung muss auf der Erde erfolgt sein, denn unser Planet hat ohne Leben angefangen zu existieren, wie wir heute ganz sicher wissen. Für Organismen oder Moleküle war er am Anfang viel zu heiß. Eine Urentstehung des Lebens muss es also gegeben haben. Doch der Frage, wie sie möglich werden konnte, gehen die Biologen im Grunde genommen erst seit vierzig Jahren intensiv nach. Seit Pasteurs Durchbruch 1862 hat sich nämlich kaum jemand mit der Entstehung des Lebens befasst, weil sich inzwischen alles auf Charles Darwin und seine Theorie von der Evolution des Lebens konzentrierte. Sosehr diese Vorstellung einer allgemeinen Abstammung der Arten auch einigen religiösen Dogmen widersprach, so sehr bot Darwins Bild auch das gewohnte Bild eines kontinuierlichen Lebensstroms, an dem man sich vermutlich lieber ergötzte als an der scharfen Bruchstelle, die Pasteur aufgezeigt hatte.

Verstehen konnte man damals beide Vorgänge nicht. Weder die Evolution noch die Entstehung des Lebens können erläutert werden ohne nähere Kenntnisse der Vererbung und des Stoffwechsels. Und von beiden konnte damals nicht die Rede sein, obwohl genau in dieser zweiten Hälfte des 19. Jahrhunderts die große Entdeckung gemacht wurde, dass die Vererbung bestimmten

Gesetzen folgt. Gregor Mendel beschrieb kurz nach Darwin und Pasteur seine Versuche mit Erbsen, aus denen er den Schluss ziehen konnte, dass es im Inneren der Zellen Elemente gibt, die für die Vererbung sichtbarer Merkmale verantwortlich sind.

Mendel stellte 1866 die Hypothese auf, dass dafür Gene verantwortlich sind, doch niemand hörte hin. Die Frage, warum dies so war, lässt sich vielleicht mit dem gesunden Menschenverstand beantworten, der sich ein kontinuierliches Bild des Fließens und Strömens vom Leben machte und einfach nicht daran glauben wollte, dass es im Fluss des Lebens gesonderte (also diskrete) Bausteine geben soll, die seinen Verlauf festlegen. Die Gene störten den gleichmäßigen Strom und Mendels Ergebnisse blieben im 19. Jahrhundert unbeachtet.

Zu Beginn unseres Jahrhunderts wurden sie aber wieder entdeckt, gut vierzig Jahre später kannte man auch einigermaßen ihre chemische Natur und weitere dreißig Jahre danach wusste man, wie das Leben einer Zelle von den Genen gesteuert wird. Man hatte – mit anderen Worten – verstanden, wie das Leben einer Zelle beginnt, und da liegt nichts näher als die Vermutung, dass das Leben aller Zellen so begonnen hat: mit den Genen nämlich. Aber so würde der gesunde Menschenverstand auch argumentieren. Und deshalb stellt sich die Frage, ob dies nicht gerade die falsche Richtung ist, in der man sucht (13). Vielleicht hat das Leben ohne Gene und ohne Vererbung angefangen, als eine mehr oder weniger ungenau sich ausbreitende Masse aus aktiven Proteinen. Es sind nämlich gerade diese uns so viel komplizierter erscheinenden Moleküle, die spontan in einer einfachen Ursuppe entstehen können, wenn sie blitzartig mit Energie versorgt wird. Die so einfach und klar strukturierten Genmoleküle können nämlich nicht ohne eine besondere Hilfe (zum Beispiel durch katalytische Proteine) zustande kommen.

Die unvollendete Definition

Wir müssen die Antwort offen lassen, da es sich noch um eine Frage der aktuellen Forschung handelt. Das Leben erlaubt in diesem Zusammenhang aber noch einen Dämpfer für den gesunden Menschenverstand. Denn der ist selbstverständlich der Meinung, dass man eines Tages genau und widerspruchsfrei definieren kann, was das Leben denn nun ist. Wir können Leben gut charakterisieren, und zwar etwa durch seinen Stoffwechsel, seine Fähigkeit zur Selbstvermehrung und zur Evolution (hier verstecken sich die Mutationen). Kurioserweise stellt sich bei präzisen Versuchen zur Definition heraus, dass wir eine seltsame Wahl haben (14). Wir können wählen, ob der Unterschied zwischen Leben und Nichtleben kontinuierlich oder diskontinuierlich sein soll. Bei einem fließenden Übergang von toter Materie zu lebenden Gebilden können wir Leben durch Begriffe aus der Physik und Chemie nicht vollständig definieren. Dies geht nur, wenn der Übergang sprunghaft ist. Es ist also gerade das Merkmal einer physikalisch-chemisch arbeitenden Biologie, dass sie ihren Gegenstand – das Leben – nicht definieren kann.

Dies braucht den gesunden Menschenverstand aber nicht weiter zu beunruhigen, auch wenn es ihn verwundert. Er braucht sich nur klar zu machen, dass Wissenschaft nie mit klaren Begriffen beginnt und dann mit ihnen nach und nach denkend zur Wahrheit vordringt. Am Anfang ist eben alles ungenau, die Begriffe ebenso wie das Leben. Nur der gesunde Menschenverstand nicht. Er kennt sich aus – von Anfang an, weil er am Ende steht.

Literatur

1 W. Heisenberg, *Der Teil und das Ganze*, München 1969
2 G. Bachelard, *Die Bildung des wissenschaftlichen Geistes*, Frankfurt 1978
3 P. Davies, *Die Urkraft*, Hamburg 1987
4 J. Piaget, *Einführung in die genetische Erkenntnistheorie*. Frankfurt 1973
5 H. Ginsburg, S. Opper, *Piagets Theorie der geistigen Entwicklung bei Kindern*, Stuttgart
6 B. Mandelbrot, *The Fractal Geometry of Nature*, San Francisco 1977
7 J. Gleick, *Chaos – Making a New Science*, New York 1987
8 F. Cramer, *Chaos und Ordnung*, Stuttgart 1988
9 G. Eilenberger, *Komplexität – Ein neues Paradigma der Naturwissenschaften*, Mannheimer Forum 89/90
10 E. Lippmann, *Urzeugung und Lebenskraft*, Berlin 1933
11 A. J. Oparin, *Die Entstehung des Lebens auf der Erde*, Leipzig 1947
12 F. Crick. *Life Itself*, London 1981
13 F. Dyson, *Origins of Life*, Cambridge University Press 1985
14 B. O. Küppers (Hg.), *Leben = Physik + Chemie?*, München 1987

Kapitel IV

Die Kritik

Der Titel dieses Buches lässt mit seiner Formulierung natürlich ein wenig von der berühmten »Kritik der reinen Vernunft« anklingen, die Immanuel Kant vor mehr als zweihundert Jahren geliefert hat. Seine tief greifende Kritik war als Angriff auf die »spekulativen Vernünfteleien« gedacht, die meinten, Schlüsse über die Welt erhalten zu können, ohne auf Sinneserfahrungen Rücksicht zu nehmen und ohne durch Beobachtungen kontrolliert zu werden. Die sich so gesehen vom Schmutz der Welt rein haltende Vernunft muss sich nämlich – wie Kant gezeigt hat – in Antinomien verwickeln. Wir haben darauf am Beispiel der Frage hingewiesen, ob die Welt nun einen Anfang in der Zeit hat oder nicht. Die reine Vernunft kann beide Alternativen beweisen – wenn man dies so nennen will. Gegen die vorgetragene Gedankenführung können allerdings mancherlei Einwände vorgebracht werden und manchen Kritikern kommen die Beweise eher wie reine Wortgespinste vor.

Viel mehr haben wir auch nicht zu sagen. Wir würden allerdings gern die Betonung weder auf Sinneserfahrung noch auf Beobachtung legen. Wir würden gern die Idee der Kontrolle betonen, vor allem die Überprüfbarkeit unserer Einsichten durch die kontrollierte Beobachtung, die vor allem die Wissenschaften unter der Bezeichnung

»Experiment« beherrschen. Der gesunde Menschenverstand bildet sich durch den Umgang mit der äußeren Welt, die sich durch Sinneseindrücke bemerkbar macht. Er richtet sich dabei Kategorien ein, die als Anpassungen an die relevanten Strukturen der Welt begriffen werden können. Eine Kritik des gesunden Menschenverstandes sagt (unter anderem), dass die so gewonnene Fassung des Denkens umorganisiert werden muss, wenn eine kontrollierte Beobachtung ihr widerspricht. Wer in seinem Erkenntnisdrang auf die entsprechenden Experimente verzichtet und seinem Denken vertraut – auch wenn dies schon längst nicht mehr rein ist –, der wird ein Hindernis auf dem Weg für das Ziel halten und auf halbem Wege stehen bleiben. Die Naturwissenschaften tun dies nicht. Eine Kritik des gesunden Menschenverstandes ist also auch ein Hinweis auf die Qualität der exakten Naturwissenschaften.

Die kritisierte Vernunft

Kehren wir noch einmal zur reinen Vernunft zurück. Der Titel seiner großen Arbeit hat Kant offenbar gefallen, denn er hat dem umfangreichen Werk zur Erkenntnistheorie noch eine »Kritik der praktischen Vernunft« und eine »Kritik der Urteilskraft« folgen lassen. Die Formulierung hat offenbar auch heute ihren Reiz noch nicht verloren. So sind zum Beispiel eine »Kritik der kollektiven Vernunft« und eine »Kritik der zynischen Vernunft« erschienen (1), zwei dicke Bücher mit jeweils mehr als 600 Seiten Umfang. Ihnen gesellt sich noch eine weniger umfangreiche und mehr den Witz ansprechende »Kritik der kleinen Vernunft« hinzu (2) und es gibt sicher noch weitere Titel dieser Art.

In diesen Büchern wird stets die Vernunft kritisiert und dabei taucht eigentlich immer ein kleines Problem auf, vor allem für den gesunden Menschenverstand. Die Fähigkeit zur Kritik ist nämlich eine Leistung der menschlichen Eigenschaft, die als Vernunft bezeichnet wird. Eine Kritik der Vernunft ist also die Anwendung der Vernunft auf die Vernunft selbst und die Frage ist, ob dies vernünftig durchzuführen ist beziehungsweise ob dabei überhaupt etwas herauskommen kann. Wir werden uns im Folgenden mit diesem Selbstbezug befassen und dabei sehen, welche Gefahren drohen, wenn diese Schleife nicht bemerkt oder nicht durchschaut wird. Wir können uns nicht ohne Reflexion – ohne Rückwendung also – auf den gesunden Menschenverstand verlassen.

Wir kritisieren hier nicht die Vernunft, sondern den Verstand, und diese Kritik setzt erst ein, nachdem viele Sinneserfahrungen und Beobachtungen gesammelt worden sind. Sie will dann betonen, dass nicht nur die direkten Eindrücke und die unmittelbaren Anschauungen täuschen und zu Fehlschlüssen verleiten können, sondern dass nach Überwindung dieser Schranke weitere Hindernisse auftauchen, die derjenige nicht übersehen darf und stattdessen überwinden muss, der zu Einsichten in die Natur der Dinge kommen will. Die positive Seite der Kritik steckt darin, dass dies möglich ist, dass die zuerst wirkenden und prägenden Beobachtungen durchschaut und die sich dahinter verborgen haltenden Fallen vermieden werden können. Dies ist natürlich schwer, und zwar deshalb, weil es gegen die Trägheit der eigenen Seele unternommen werden muss, die sich in dem biologisch bereiteten Bett des Verstehens nur zu leicht zurechtfindet und offensichtlich wohl fühlt. Sie ruht sich auf ihrem evolutionären Lorbeer aus und ist am liebsten mit sich selbst beschäftigt.

Dabei taucht die grundsätzliche Frage auf, ob der Verstand überhaupt etwas anderes kann, ob er also in der Lage ist, sich auch anderen Wirklichkeiten zuzuwenden und zu erkennen. Die Antwort heißt zwar ja, aber der Weg zu ihr führt über einen Umweg, der auch mit dem gesunden Menschenverstand zu tun hat.

Die endlosen Schleifen

Hinter alledem steckt natürlich ganz allgemein die Problematik der Selbstreferenz oder der Rückbezüglichkeit, also die Frage, ob Sätze oder Schlüsse, die sich auf sich selbst beziehen, widerspruchsfrei zu halten sind. Kant hat diese Gefahr einmal vermieden, als er 1796 »Über das Organ der Seele« nachdachte und sich dabei die Frage vorlegte, wo die Seele im Körper des Menschen denn anzusiedeln sei. Er antwortete, dass die »dynamische Gegenwart« der Seele nicht von einer »lokalen Gegenwart« eingeengt zu werden brauche. Vielmehr führe der Versuch, den »Sitz der Seele« zu bestimmen, zu einer »unmöglichen Größe«, denn die Seele kann »sich selbst schlechterdings keinen Ort bestimmen, weil sie sich zu diesem Behuf zum Gegenstand ihrer eigenen äußeren Anschauung machen und sich außer sich selbst versetzen müsste, welches sich widerspricht«.

Die Gefahr der Rückbezüglichkeit ist durch das berühmte Beispiel vom Kreter populär und fast volkstümlich geworden, der sagt, dass alle Kreter lügen. Hier scheint auf den ersten unterhaltsamen Blick ein unauflöslicher Widerspruch vorzuliegen, denn wenn das stimmt, was der Kreter sagt, dann ist es gelogen, und wenn es gelogen ist, dann stimmt es. Mit anderen Worten, man meint in eine endlose Schleife geraten zu sein (eine Antinomie, wie es im Jargon heißt). Dieser Eindruck drängt sich jedenfalls zunächst auf, aber er stimmt trotzdem nicht. Wer in die scheinbar ausweglose Schleife des Kreters einschwingt, macht nämlich einen kleinen logischen Fehler. Er denkt (wie der gesunde Menschenverstand), dass die Verneinung von »Alle Kreter lügen« »Alle Kreter sagen die Wahrheit« heißt. Sie lautet aber anders! Sie sagt viel weniger aus, nämlich nur »Es gibt auch Kreter, die die Wahrheit sagen«. Wer nun hiermit weiterdenkt, der findet, dass die Schleife verlassen werden kann, wenn wir annehmen, dass unser spezieller Kreter lügt, und diese Einsicht können wir nun als Erfahrung verbuchen.

Die erkannte Wirklichkeit

Wir sehen an diesem Beispiel, dass es Hoffnung gibt, mit formaler Strenge die endlosen Schleifen der Rückbezüglichkeit zu öffnen und so zu durchschauen. Vielleicht können wir dies auch bei den Fragen anwenden, ob unser Bewusstsein mehr als das eigene Bild betrachten und eben dahinter sehen kann.

So ganz direkt würde man natürlich sagen, dass unser Verstand die Welt erkennen kann. Wir sehen sie doch mit eigenen Augen jeden Tag vor uns liegen. Diese – wenn man so will – kindliche Auffassung, dass die Realität so ist, wie es unsere Sinnesorgane dem Gehirn vermitteln, wird schon länger allgemein zu den Akten gelegt. Inzwischen hat sich weitgehend herumgesprochen, dass es »da draußen« zum Beispiel kein Rot und kein

Blau gibt, dafür gibt es dort elektromagnetische Wellen, die diese Empfindung hervorrufen, und von denen gibt es auch mehr, als Auge und Gehirn aufnehmen können, die Radiowellen etwa oder das ultraviolette Licht.

Die Welt ist also nicht so, wie sie sich unseren Apparaten im Kopf zeigt, und die nächste Frage lautet, ob wir sie dann überhaupt erkennen und hinter den Augenschein gelangen können. Der gesunde Menschenverstand sagt hier nein, denn – so seine Gegenfrage – womit soll ich schließlich die erblickte und allgemein durch die Sinne aufgenommene Welt vergleichen? Ich habe doch nur das, was mir meine Organe und Bauteile unter der Schädeldecke liefern. Ich habe keine unabhängig davon existierende Wirklichkeit. Wenn ich ein Bild von der Welt mit einem anderen Bild vergleiche, das derselbe Apparat aufgenommen hat, und behaupte, dass ich dabei mehr von der Welt erfahre, dann beißt sich doch nur eine Katze in den Schwanz.

Das Problem der endlosen Schleife beim Erkennen der Wirklichkeit rückt also näher und es wurde von der »Kritik der reinen Vernunft« vorbereitet. In diesem Buch vollzieht Kant eine tiefreichende Wende in der Theorie der Erkenntnis. Er kehrte die Rolle von Mensch und Natur um. Es sind nicht die Ordnungen und Strukturen der Wirklichkeit, die unser Denk- und Wahrnehmungsapparat vor unseren Augen entdeckt und aus ihr gewinnt, es sind vielmehr seine eigenen Kategorien, die er in die Welt hineinlegt. In Kants berühmten eigenen Worten: »Der Verstand schöpft seine Gesetze… nicht aus der Natur, sondern schreibt sie dieser vor.«

Diese Umkehrung nennt man seitdem die »kopernikanische Wendung« in der Philosophie, obwohl sie den Menschen gerade an eine bevorzugte Stelle und fast ins

Zentrum der Dinge stellt. Vermutlich hat der gesunde Menschenverstand diese Revolution aus diesem Grund überhaupt mitgemacht, die ihn aus der ersten (sinnlichen) Phase befreite. Nach der Kantschen Drehung der Positionen taucht aber bald die endlose Schleife auf, nämlich dann, wenn gefragt wird, ob und wie unter diesem Aspekt der Verstand mehr als sich selbst und vielleicht sogar das »Ding an sich« sehen kann.

Der gesunde Menschenverstand sagt – wie erwähnt – an dieser Stelle nein, weil er sich in der endlosen Schleife der Rückbezüglichkeit gefangen sieht. Doch eine neue und an der Biologie orientierte Theorie des Erkennens sagt ja, weil sie einen Ausweg angeben kann (3). In diesem evolutionären Rahmen wird der Mensch wieder an die zweite Stelle gesetzt. Erst gab es die Natur und der Mensch, der aus ihr hervorgegangen ist, wurde durch ihre Ordnung geprägt. Er hat sie durch sein Leben erkannt. Die Gesetze, die der Verstand der Natur vorschreibt, enthalten somit die Strukturierung und Organisation der Wirklichkeit selbst, die auf diese Weise (zumindest teilweise) selbst erkennbar wird.

Die kontrollierte Rückbezüglichkeit

Um genauer zu erkennen, wie diese Denkspirale sich um die Widersprüche der Rückbezüglichkeit bei der Erkenntnis herumwindet, wollen wir sehen, wie diese Schwierigkeit in anderen Bereichen gelöst worden ist. Die Frage des Selbstbezugs, die Frage also, ob und an welcher Stelle sich die Katze in den Schwanz beißt, muss jedenfalls in den Wissenschaften sehr ernst genommen werden. Sie taucht unter vielen Aspekten auf, zum Beispiel, wenn diskutiert wird, ob das Gehirn sich selbst verstehen kann oder ob mit einer Messung der Einfluss einer Messung zu bestimmen ist. Die Wegstrecke wird jedenfalls sehr schwierig (und für den gesunden Menschenverstand nahezu unpassierbar), wenn solch eine Schleife auftaucht. Ein aufschlussreiches Beispiel findet sich in der Entwicklung, die heute als naive Mengenlehre abgehakt worden ist. Eine Menge wurde dabei als nicht weiter eingeschränkte Zusammenfassung beliebiger Objekte (Elemente) verstanden. Intuitiv denkt man, dass von jedem Objekt festgestellt werden kann, ob es zu einer Menge gehört oder nicht. Weiteres Nachdenken zeigte dann aber, dass dies nur dann zutrifft, wenn Mengen selbst als Elemente ausgeschlossen sind. Wer Mengen von Mengen bilden will, wer also den Rückbezug zulässt, kann sich in Widersprüche verwickeln. Zum Beispiel: Normalerweise betrachten wir Mengen wie die natürlichen Zahlen oder die Kinder in einer Schulklasse, die sich selbst nicht als Element enthalten. Man kann aber auch mit Mengen umgehen, die sich als Element enthalten. Die sind zwar nicht mehr so konkret wie die Kinder, aber sie sind zweifelsfrei denkbar. Sie sind aber nicht widerspruchsfrei denkbar, wie man sieht, wenn man noch einen Schritt weitergeht und die Menge all der Mengen ansieht, die sich selbst nicht als Element enthalten. Die Frage, aus der die Probleme erwachsen, lautet, ob sich diese Menge aller Mengen (und so weiter, siehe oben) selbst als Element enthält. Die Schwierigkeiten erkennt, wer sich Folgendes klar macht: Die erwähnte Menge muss sich selbst als Element enthalten, wenn sie dies nicht ist, sie darf sich aber nicht selbst enthalten, wenn sie dies doch ist. Einen Ausweg aus diesem Dilemma bietet nur eine strenge Formalisierung, die gegen den naiven Verstand vorgenommen werden muss, die der Mathematik längst gelungen ist und die uns hier nicht weiter ablenken soll.

Lassen wir diese logischen Verstrickungen, wo sie sind, und sehen uns eine konkretere Wissenschaft an. In der Physik der Atome geht es zum Beispiel oft darum, den Einfluss zu bestimmen, den eine Messung auf das beobachtete Objekt nimmt. Es geht mit anderen Worten um die Messung der Messung. Wie kann man messen, ob eine Messung einen Einfluss auf das Objekt ausübt, das vermessen werden soll? Messe ich die Wirklichkeit oder messe ich nur meinen Einfluss auf die Wirklichkeit? Ist das, was ich messe, das, was wirklich ist, oder das, was ich »da draußen« bereite? Und wenn die zweite Wahl zutrifft, wie messe ich diesen Einfluss? Wie kann ich messen, ob etwas vor einer Messung anders war?

Diese Schwierigkeit erinnert an die alte Scherzfrage, ob das Licht im Kühlschrank noch an ist, wenn die Tür geschlossen ist. Wie soll man das herausfinden, ohne die Tür zu öffnen? In diesem Fall gibt es eine einfache Lösung, indem man mit der Hand den Knopf betätigt, gegen den sonst die Tür drückt – man simuliert also die geschlossene Tür. Aber auch im Falle des Messproblems gibt es eine Lösung, die sich raffinierte Korrelationen und Wechselwirkungen zwischen vielen physikalischen Objekten zunutze macht, um den Einfluss der Messung auf ein einzelnes Ding zu bestimmen (4). Ohne die formale mathematische Sprache – also gegen den gesunden Menschenverstand – wäre dieser Weg nie gefunden und wohl für unmöglich erklärt worden. Festzuhalten ist dabei, dass die Lösung tatsächlich durch einen Ausweg gefunden wurde. Man weicht der endlosen Schleife, in die man mit einem einzelnen Teilchen gerät, durch den Blick auf viele Objekte aus.

In einem anderen Zweig der Mathematik stellt sich oft die Frage, ob bestimmte Aussagen unter bestimmten Voraussetzungen bewiesen werden können. Es geht dabei letztlich um den Beweis des Beweises (oder um die Logik der Logik). Auch dafür kennt man widerspruchsfreie Antworten. Und wieder gibt es einen Ausweg. So kann etwa die Unbeweisbarkeit bestimmter Aussagen bewiesen werden, wenn eine andere Darstellung gewählt (in eine andere Ebene ausgewichen) wird (5).

In der Hirnforschung streitet man sich nun nicht mehr nur verbissen darum, ob wir mit dem Gehirn das Gehirn verstehen können, sondern auch über die Frage, ob wir über die Struktur des Organs unter der Schädeldecke hinaus auch verstehen können, wie uns einige bestimmte Vorgänge in ihm bewusst werden. Anders ausgedrückt, geht es hierbei um das Bewusstsein des Bewusstseins oder um das Wissen vom Wissen, und das hat ebenso seine Möglichkeiten, aber auch seine Grenzen wie alle die Themen, die wir oben erwähnt haben.

Wie wenig dabei zum Beispiel mit dem Wissen vom Wissen zu spaßen ist, sieht man übrigens an der paradoxen Antwort auf die Frage, ob wir mit all der modernen Wissenschaft und Technik, die unserer Gesellschaft zur Verfügung stehen, nun besser die Zukunft vorhersagen können als vorher ohne sie? Die ohne Reflexion gegebene Antwort des gesunden Menschenverstandes würde lauten, dass wir mit unserem Wissen natürlich immer weiter in die Zukunft sehen können. Da denken wir ganz linear: Je mehr wir heute wissen, desto mehr wissen wir über die Zukunft.

Wenn wir dann aber weiter überlegen, fällt uns auf, dass unser Einfluss auf die Zukunft doch vor allem von dem abhängt, was wir wissen. Und was immer wir auch über die Zukunft wissen – hierauf hat zuerst Karl Popper hingewiesen –, wir wissen auf keinen Fall, was wir wissen werden, denn sonst wüssten wir es schon heute. Der Zusammenhang ist also nicht linear: Je mehr wir heute wissen, desto weniger wissen wir über die Zukunft. (Dies könnte man auch als »Poppersches Gesetz« bezeichnen.) Danach rückt die schwarze Wand der Zukunft nicht weiter von uns weg. Sie kommt im Gegenteil immer näher auf uns zu. Dies muss übrigens überhaupt nicht schlimm sein. Eher im Gegenteil! Denn je weniger wir über unsere Zukunft wissen, desto offener wird sie für uns auch sein. In diesem Sinne schafft das Wissen uns Freiheit und wir können es nicht nur anwenden, wir müssen es sogar tun.

Die zusätzliche Zeit

Es ist also nicht ausgeschlossen, mit Bezug auf sich selbst zu operieren, aber der gesunde Menschenverstand hat dabei seine Schwierigkeiten. Er denkt, jede Schleife des Rückbezugs ist ausweglos. Der Weg durch die Mitte ist natürlich nicht ohne technische Krücken zu nehmen, und so bleibt es ein gewagtes Unternehmen, die Vernunft zu kritisieren, nicht nur deshalb, weil eigentlich niemand genau weiß, wie diese menschliche Eigenschaft aufzuspüren oder gar zu definieren ist. Wir lassen uns darauf erst gar nicht ein und bleiben bei der Rückbezüglichkeit, das heißt bei der uralten Frage, ob wir nun die Welt erkennen können, wie sie wirklich ist. Kant hat hierauf mit Nein geantwortet, wie bereits beschrieben worden ist. Der Geist findet nach Kant nur sich selbst, die reale Welt (das »Ding an sich«) ist für ihn nicht erkennbar, denn wie sollen wir jemals wissen, wie die Welt wirklich ist, können wir doch die Welt, wie sie uns erscheint, mit keiner anderen vergleichen. Wir haben nur das, was unser Gehirn produziert.

Dieses Argument der Philosophen, es sei naiv und eine Art Selbstbetrug, über die Welt zu sprechen, wie sie ist, operiert mit der schon erwähnten allgemein akzeptierten Einsicht, dass die Welt auf keinen Fall so ist, wie sie unseren Sinnesorganen erscheint. Für viele Realitäten – Magnetfelder, Röntgenstrahlen – haben wir bekanntlich überhaupt kein Organ, und der Strohhalm, der in die Limonade taucht, wird nur scheinbar und nicht etwa wirklich gebrochen. Doch mit diesen keineswegs originellen Hinweisen taucht schon die Beobachtung auf, dass unser Gehirn (unser Verstand) offenbar doch den Augenschein durchschauen und erkennen kann, wie die Dinge wirklich sind. Wir wissen ja, dass der Stab im Glas nur scheinbar gebrochen und »in Wirklichkeit« gerade ist. Und da stellt sich die schwierige Frage ganz von selbst, ob diese Durchsicht oder Einsicht umfassend möglich ist.

Kant und seine Nachfolger sagten nein und sie stellen mit dieser Antwort den gesunden Menschenverstand zufrieden, denn andere Antworten wurden lange Zeit nicht gegeben. Der gesunde Menschenverstand geht Rückkopplungen aus dem Weg. Die evolutionäre Erkenntnislehre tut dies aber nicht mehr und sie behauptet heute das Gegenteil. Sie antwortet ja, das Ding an sich kann erkannt werden (3; 5). Sie verweist in ihrer Argumentation auf die unübersehbare empirische Tatsache, dass wir in vielen Beispielen längst hinter den Augenschein gelangt sind und die Wirklichkeit durchschaut haben. Die Erde scheint nur flach zu sein, wir wissen aber inzwischen, dass sie rund und gewölbt ist.

Und die Sonne scheint nur auf- und unterzugehen, wir wissen aber inzwischen, dass wir uns hier, auf der Erde, um sie drehen. Wir können also viele falsche Eindrücke durchschauen und bei der flachen Erde sieht man sofort, was man dazu tun muss. Man kommt hinter den Augenschein, wenn man eine zusätzliche Dimension in Anspruch nimmt und zum Beispiel in die Höhe steigt.

Eine solche zusätzliche Dimension hat die Erkenntnis der Welt aber auch, und zwar in Form der Zeit. Es gibt eben nicht nur eine Art von Gehirn und eine Weise des Erkennens, es gibt viele durch ihre Geschichte verbundene kognitive Systeme, zum Beispiel bei Tieren, und es gibt eine Evolution und ein Erwachen der Intelligenz, und wer beide Prozesse berücksichtigt, kommt zu dem Schluss, dass die reale Welt doch erkannt werden kann und dass sie teilweise sogar schon bekannt ist (3; 5). Wer dagegen behauptet, solche Beweise würden wahrscheinlich doch nur irgendeinen Zirkelschluss übersehen, in dem bestenfalls gezeigt wird, was schon vorausgesetzt wurde, übersieht, dass man einen Hammer verwendet, um einen Hammer zu schmieden. Und niemand würde hieraus den Schluss ziehen, dass es deshalb gar keinen Hammer geben kann. Es wurden und werden eben im Verlauf der Zeit immer bessere Instrumente dieser Art entwickelt. Entsprechend wird die Erkenntnis immer genauer, sie rotiert nicht sinnlos in einem vitiösen Zirkel, sie windet sich vielmehr geschickt auf einem »virtuosen Zirkel« (Gerhard Vollmer) nach oben und stimmt so immer mehr mit der Wirklichkeit überein.

Wenn man so will, kann man dieses Manko der »Kritik der reinen Vernunft« auf einen schon erwähnten Einfluss des gesunden Menschenverstandes zurückführen, denn Kant hat die Rolle der Zeit einfach übersehen. Er hat sie in seinen Schriften an verschiedenen Stellen immer mal wieder erwogen, aber dann letzten Endes doch nicht akzeptiert. Für ihn war nur das Wissen des erwachsenen Gehirns dynamisch, nicht aber der Weg dahin, also die Fähigkeit, Wissen zu erwerben. Erkenntnistheorie galt Kant als eine statische Disziplin, die es im Grunde mit einer statischen Situation zu tun hat – der Gedanke einer evolutionären Welt hatte sich jedenfalls noch nicht durchgesetzt. Die Zeit spielte damals keine Rolle und genau das teilen uns unsere Erfahrungen auch mit. Die Zeit läuft nur gleichmäßig ab. Sie ist der träge Strom, in dem wir trägen Seelen mitschwimmen.

Allgemein haben sich die Menschen sehr schwer getan, die Tatsache der Entwicklung und der Evolution zu verstehen. Dies ist auch mehr eine Denkerfahrung und weniger ein Sinneseindruck. Auf den ersten Blick ist – von periodischen Wechseln wie den Jahreszeiten abgesehen- alles stabil und eine Entwicklung kommt nicht vor. Dazu kann sich der gesunde Menschenverstand alle Dinge nur als von einem Schöpfer geschaffen vorstellen, der dabei einen bestimmten Plan ausgeführt hat. Das genau ist die Denkweise der Naturtheologie, die zu Beginn des 19. Jahrhunderts die Existenz Gottes durch das Argument vom Uhrmacher beweisen wollte. Wer eine Uhr findet – so die Gedankenführung –, der weiß, dass es irgendwo einen Uhrmacher geben muss, der sie angefertigt hat. Solch ein Stück ist zu kompliziert, um ohne Absicht und Handwerk entstanden sein zu können. Entsprechend weiß man einfach, dass es einen »großen Uhrmacher« geben muss, wenn man sich die Lebewesen in all ihrer Perfektion ansieht.

Dass auf eine natürliche Erklärung des Lebens nicht zu hoffen ist, hat kurz vor Beginn des vom gesunden Menschenverstand dominierten Zeitalters der Naturtheologie Kant selbst mit seinem berühmten Vergleich beschrieben. In der »Kritik der Urteilskraft« (1790) heißt es, man kann nicht erwarten, »dass noch dereinst ein Newton aufstehen könne, der auch nur die Erzeugung eines Grashalms nach Naturgesetzen, die keine Absicht geordnet hat, begreiflich machen werde«. Da hat er sich wieder geirrt, der gesunde Menschenverstand, wie wir später noch sehen werden, bevor wir unsererseits einem ganz anderen Newton die Existenzberechtigung entziehen, dem Newton der Seele nämlich.

Die entdeckte Zeit

Zunächst fällt immer wieder auf, dass es vor allem die Zeit ist, die Schwierigkeiten macht. Einstein wollte ein statisches Universum, aber er bekam es nicht. Der Kosmos expandiert vielmehr und mit dieser Entdeckung wurde der Weg frei zu dem Konzept einer universellen Evolution, das sich heute nicht nur auf das Leben, sondern über die Erde auch auf das Weltall erstreckt. Nichts ist schon einmal dagewesen, alles entsteht erst noch.

Wie schwer es dem menschlichen Verstand fällt, in dieser Hinsicht seine gewohnte Alltagsdimension zu verlassen, zeigt ein kurzer Blick auf die Diskussion um die Frage, wie alt die Erde denn nun ist. Noch im 17. Jahrhundert glaubte man aus biblischen Angaben mit ein paar tausend Jahren auskommen zu können. Im 18. Jahrhundert schätzte der Franzose Buffon ab, dass mindestens 75 000 Jahre erforderlich waren, um die Vielfalt der fossilen Schichten hervorzubringen. Und am Ende des 19. Jahrhunderts rechnete ein irischer Chemiker aus, dass der Salzgehalt der Meere erst in 90 Millionen Jahren so hoch angestiegen sein konnte, wie er damals ermittelt worden war.

Dies war nun einigen Physikern zu viel. Und mit einer Fülle von Daten zum Energiefluss »bewies« der große Lord Kelvin, dass die Erde höchstens zwanzig Millionen Jahre alt sein konnte. Die meisten Geologen verstummten zunächst vor der Autorität dieses Spruches, doch einige von ihnen wiesen auf einen Ausweg hin. Möglicherweise gab es eine weitere (damals noch unbekannte) Quelle der Energie. Sie wurde dann in Form der Radioaktivität tatsächlich auch bald gefunden und inzwischen ist die Erde mindestens vier Milliarden Jahre alt.

Dieser Streit zwischen den Geologen und den Physikern spielte sich etwa zwanzig Jahre nach dem Ereignis ab, das man als Entdeckung der Zeit durch die Wissenschaften kennzeichnen kann. Etwa um 1860 tauchte nämlich sowohl in der Physik als auch in der Biologie das Konzept des Wandels und der Entwicklung auf. Sie verlief allerdings gegenläufig, wie durch die Stichworte Evolution und Entropie deutlich wird. In der Biologie wurde die Evolution entdeckt, also die Tendenz der Lebewesen, sich zu immer höher geordneten Formen zu entwickeln (6; 7). Und in der Physik stellte man fest, dass die Leistungsfähigkeit von Maschinen nur verstanden werden kann, wenn man die Tendenz materieller Systeme berücksichtigt, spontan bestenfalls ihre Unordnung zu vergrößern. Dieses Verhalten konnte man mit Hilfe der Konzeption »Entropie« in den wissenschaftlichen Griff bekommen. Sie erlaubte es, die Energie anzugeben, die von einer Maschine nicht weiter in Arbeit umgewandelt werden konnte.

Biologische Systeme unterlagen von nun an der Evolution und physikalische Systeme gehorchten der Entropie. In beiden Fällen wirkte plötzlich die Zeit und es ist sicher kein Zufall, dass dies gleichzeitig entdeckt worden ist. Es ist sicher auch kein Zufall, dass die so gefundenen Prinzipien öffentlich ganz unterschiedliche Auswirkungen hatten. Während die Evolution heftig abgelehnt und bekämpft wurde, nistete sich die mit der Entropie verbundene Idee einer zunehmenden Unordnung rasch in die Köpfe der Bürger ein. Schließlich hatten die Physiker es als Gesetz formuliert – technisch ist hier der Zweite Hauptsatz der Thermodynamik gemeint –, dass jedes System dem Gleichgewicht zustrebt, in dem schließlich alle Unterschiede in der Temperatur ausgeglichen und alle Strukturen gelöscht sind. Das Bild vom Warmetod der Welt machte die Runde und die am Ende des 19. Jahrhunderts vermeintlich überall zu beobachtenden Erscheinungen der Dekadenz zeigten deutlich, dass sich die Menschheit in dieser Zeit auf eine Katastrophe zubewegte (7). Katastrophen haben dem gesunden Menschenverstand schon immer gefallen. Dies ist die trivialste Form der Prognose und sie macht uns regelmäßig zu schaffen, wenn es etwa darum geht, die Aussichten der Gentechnik zu diskutieren. Die Behauptung, dass etwas schief geht, vereint die Dummen aller Länder. So schützt sich der gesunde

Menschenverstand auch davor, die Zeit für sich zu entdecken. Wer nichts probiert, wird nichts ändern. Alles bleibt stabil. Wie fest der Gedanke der Stabilität von uns Besitz ergriffen hat, zeigt die häufig von Politikern verwendete und begierig aufgegriffene Formel, in der »die sich wandelnde Welt, in der wir leben« beschworen wird. Als ob die Welt jemals etwas anderes getan hätte, als sich zu verändern!

Aus ähnlichem Grunde wirkt auch der Gedanke einer Evolution so erschreckend, wobei in diesem Fall noch etwas hinzukommt. Plötzlich wird nämlich die so hübsch beruhigende Idee abgeschafft, dass wir irgendeine Art von Krone der Schöpfung sind. Es geht auch nach uns noch weiter, sagt uns die Evolution. Dieser Gedanke muss den gesunden Menschenverstand martern, weil er da nur schwarz – gemeint ist nichts – sehen kann, und dabei dachte er schon, er hätte von seinem Platz aus den Überblick und alles im Griff.

Worauf diese Formel von den sich ändernden Zeiten zutreffen könnte, das ist die Tatsache, dass es der Wandel ist, der sich heute wandelt. Er geht tatsächlich immer schneller vor sich. Es ist nun dieser Wandel des Wandels, den der gesunde Menschenverstand nicht richtig einschätzen und der uns dadurch zur Gefahr werden kann. In solchen nichtlinearen Zusammenhängen liegt auch letzten Endes die große Schwierigkeit, die einige Dichter und Denker offensichtlich haben, wenn sie die Evolution verstehen wollen. Da findet keine gradlinige und stetig fließende (also lineare) Zunahme an Komplexität statt, da können zufällige Ereignisse zu sprunghaften Entwicklungen führen, die alle naiven Erwartungen übertreffen.

Die Unfähigkeit des gesunden Menschenverstandes, den evolutiven Charakter der Welt einzusehen, zeigt sich an dem menschlichen Bestreben, einen gegebenen Zustand festzuhalten. Der Status quo (antea) scheint immer das ersehnte Paradies zu sein, denn man meint ja gerade, dass man nicht aktiv werden muss, um ihn zu erhalten.

All dies ist falsch, wie sich am Beispiel der zunehmenden Zahl der Menschen auf dieser Erde zeigt. Jeder Zeitungsleser hat doch inzwischen verstanden, dass die Bevölkerung nicht linear wächst, dass also die Zahl der Menschen nicht gleichmäßig mit der Zeit wächst. Mit anderen Worten, die Vermehrungsrate ist nicht konstant. Irgendwie haben wir schon den schwierigen Schritt vollzogen, der uns sagt, dass nicht nur die Zahl der Menschen wächst, sondern dass der Anstieg dieser Zahl (die Vermehrungsrate) mit der Zeit ebenfalls zunimmt.

Dies ist doch klar, sagt sich vielleicht doch der gesunde Menschenverstand, nachdem er diese Informationen erhalten hat, mehr Menschen haben schließlich immer mehr Kinder und so leuchtet ihm ein, dass sich die Menschheit in gleichen Zeiten verdoppelt (und nicht nur um gleiche Beträge wächst). Die Mathematiker sagen in solch einem Fall, das Wachstum der Menschheit nimmt einen exponentiellen Verlauf (Abb. 16). Es geht zwar viel schneller als das lineare Wachstum vor sich, erreicht aber auch keine unendlichen Werte in endlicher Zeit.

Wenn wir aber nun mit den verfügbaren Daten herausfinden wollen, in welcher Zeit sich die Menschheit verdoppelt, dann stoßen wir auf eine böse Überraschung. Selbst diese Zeit ist nämlich überraschenderweise gar nicht konstant! Sie nimmt im Gegenteil regelmäßig ab. Genauer gesagt, halbiert sie sich sogar! Wenn alles so weitergeht, verdoppelt sich die Zahl der Men-

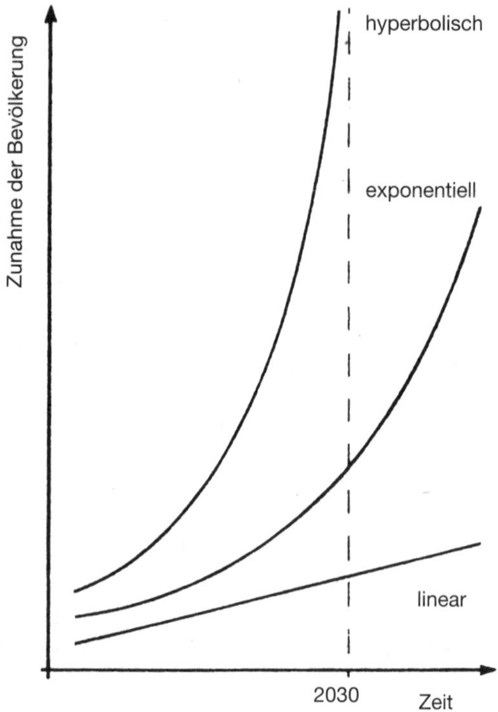

Abbildung 16: Wenn eine Kurve exponentiell ansteigt, nimmt ihr Wert zwar sehr rasch zu, er bleibt für endliche Werte aber endlich. Dies trifft nicht mehr bei so genannten hyperbolischen Kurven zu. Hier kann schon nach endlicher Zeit ein unendlicher Wert erreicht werden. Wenn das Wachstum der Menschheit in dieser Form verläuft, kann man aus den Daten abschätzen, dass es im Jahre 2030 bereits unendlich viele Menschen geben wird.

schen in immer wieder halbierten Zeiträumen, die Explosion der Bevölkerung verläuft noch schneller, als sie das exponentielle Wachstum vorhersagt. Sie verläuft sogar so unheimlich schnell, dass es schon nach endlicher Zeit unendlich viele Menschen gibt – und zwar bereits im Jahre 2030!

Dies kann natürlich nicht sein, sagt der gesunde Menschenverstand, der sich auf diese Weise durch die Zahlen übertölpelt fühlt. Er sollte sich stattdessen aber an seinen Gedanken erinnern, dass er am liebsten den heutigen Zustand fest zementieren will. Dabei hatte er selbstverständlich angenommen, dass unser jetziger Zustand ein statisches und stabiles Gleichgewicht ist, der sich bis in alle Ewigkeit hält, wenn ich nur passiv genug bin. Gerade das ist der Status quo aber nicht. Der momentane Zustand ändert sich automatisch. Er kann gerade nicht bewahrt werden, wenn wir Ruhe bewahren. Er kann nur erhalten werden, wenn wir aktiv eingreifen. Nur wenn nichts geschieht, wird alles schief gehen.

Die unerfreuliche Nichtlinearität

Durch die Unfähigkeit, uns die Folgen eines nicht gradlinig verlaufenden Wachstums auszumalen, wird nur besonders auffällig die grundsätzliche Schwierigkeit beleuchtet, die wir intuitiv im Umgang mit Ereignissen haben, die nicht linear miteinander verknüpft sind. Der gesunde Menschenverstand denkt gleichmäßig und erwartet zum Beispiel, dass beim Spiel am Roulettetisch die Wahrscheinlichkeit für eine rote Zahl allmählich abnimmt, wenn die Kugel mehrmals hintereinander auf Rot gefallen ist. Irgendwie wehrt sich unser Gefühl dagegen, dass auch dann, wenn zehnmal nacheinander Rot gekommen ist, die Wahrscheinlichkeit für Rot dieselbe bleibt wie die für Schwarz, nämlich fünfzig Prozent.

Dass der gesunde Menschenverstand tatsächlich linear mit dem Zufall umspringt, zeigt sich, wenn man genauer analysiert, wie Menschen die Wahrscheinlichkeit einschätzen, dass von zwei Personen, die in einem Raum anwesend sind, zwei am selben Tag Geburtstag haben. Wenn man dies nach den mathematischen Regeln ausrechnet, findet sich, dass man bei 24 Personen schon in der Hälfte aller Fälle Glück hat. Und wenn gar dreißig Personen beisammen sind, sind in siebzig Prozent aller Fälle zwei Menschen am selben Tag eines Jahres geboren worden. Wir schätzen in diesem Fall aber die Wahrscheinlichkeit bestenfalls auf 15 bis zwanzig Prozent. Dabei gehen wir offenbar ganz einfach linear vor und lassen vom Gefühl her die Wahrscheinlichkeit sanft mit der Anzahl der Personen wachsen.

Ein etwas genauerer Vergleich der Zahlen deckt aber einen noch interessanteren Zusammenhang auf. Wie sich dabei nämlich herausstellt, schätzen wir die Wahrscheinlichkeit, dass zwei beliebige Menschen in einem Raum am selben Tag Geburtstag haben, ebenso hoch ein wie die Wahrscheinlichkeit, die sich für den Fall errechnet, dass einer von den Anwesenden am selben Tag Geburtstag hat wie wir selbst. Denn die Häufigkeit dieser Koinzidenz steigt tatsächlich einfach linear mit der Menge der versammelten Personen an. Wenn man so will, versorgt uns der gesunde Menschenverstand mit einem Gefühl für die Wahrscheinlichkeit, in der wir selbst die Hauptrolle spielen und im Mittelpunkt stehen. Dass es unserem intuitiven Verstehen in der Tat schwer fällt, diesen Platz zu verlassen und sich an den Rand des Geschehens zu begeben, werden wir noch sehen, wenn die verschiedenen kopernikanischen Wenden nachvollzogen werden.

Wenn wir aus dem Mittelpunkt treten, begeben wir uns in eine Welt, die nun voll von nichtlinearen Abhängigkeiten ist, die wir eigentlich nicht durchschauen können und vielleicht deshalb oft nicht wahrhaben wollen. Als Beispiel brauchen wir uns nur die derzeit heftig geführte Diskussion um das Waldsterben und den Treibhauseffekt anzusehen. Die zeitungslesenden Menschen erwarten eine eindeutige Antwort der Wissenschaft auf die Frage, was denn nun die Ursache (Einzahl) des Waldsterbens ist. Selbst wenn nach Ursachen (Mehrzahl) gefragt wird, ist kein verzweigtes Netz von abhängigen Faktoren, sondern nur eine Vielzahl gradliniger Wirkungsketten gemeint. Solche einfachen Zusammenhänge gibt es in der Natur aber nicht.

Die in Wirklichkeit immer komplexen Wechselwirkungen von Faktoren sollen an dem Beispiel des Treibhauseffektes demonstriert werden. Die lineare Sicht der Dinge sieht die Katastrophe unmittelbar voraus. Durch den Verbrauch fossiler Brennstoffe erhöhen wir den Kohlendioxydgehalt der Atmosphäre, die sich daher aufwärmt und so anschließend die antarktische Eisdecke zum Schmelzen bringt. Als Konsequenz steigt der Meeresspiegel und die Welt steht bald unter Wasser, zumindest Hafenstädte wie Hamburg, London und Amsterdam.

Doch diese lineare Kette kann an vielen Stellen abbrechen und umgeleitet werden. Wenn es auf der Erde nämlich wärmer wird, schmilzt nicht nur das Eis der Arktis, dann verdunstet auch das Wasser in den gemäßigten Zonen, und folglich wird es an den Polen stark schneien. Eine neue Eisdecke kann dabei entstehen, die zwar sehr dünn, aber auch sehr ausgebreitet ist. Sie reflektiert das Sonnenlicht (statt es zu absorbieren) und die Erde kühlt (relativ) wieder ab. Damit soll nicht gesagt werden, dass der Treibhauseffekt eigentlich gar keine Bedrohung darstellt. Mit diesem Beispiel soll nur angedeutet werden, dass sich die Ketten der Wirkungen nicht so gradlinig organisieren, wie sich das der gesunde Menschenverstand gerne zurechtlegt.

Im Grunde wissen wir das schon längst und daher vertrauen wir bei schwierigen Entscheidungen lieber einem Computer als unserer Intuition. Der elektronischen Rechenmaschine kann man nämlich einfach mit Hilfe eines geeigneten Programms ein nichtlinear operierendes »Gehirn« einsetzen, das heißt, sie kommt mit verknüpften Gleichungssystemen (Algorithmen) zurecht und löst sie. Das Elektronengehirn kennt gar keine andere Möglichkeit und sagt uns die Auswirkung kleinster Faktoren auch in den komplexesten Verstrickungen von Ursachen und Folgen voraus. Allerdings auch nicht immer, wie die Chaostheorie inzwischen herausgefunden hat, auf die wir im vorangegangenen Kapitel schon hingewiesen haben. Bislang wurde – in Übereinstimmung mit dem gesunden Menschenverstand – angenommen, dass ein durch Gleichungen (Gesetzen) festliegendes System sich ordentlich entwickelt und also vorhersagbar ist. Wenn man dem Computer genug (Rechen-)Zeit lässt, kann er in jedem Fall genau angeben, was passiert. Vorhersagbarkeit und Determiniertheit hält der gesunde Menschenverstand für zwei Wörter, die denselben Tatbestand beschreiben. Gerade diese Gleichheit wird von der modernen Theorie der Komplexität aber widerlegt. Was determiniert ist, lässt sich noch lange nicht ausrechnen. Gesetz und Ordnung sind eben nicht dasselbe, auch wenn sich viele Politiker dies so wünschen.

Geahnt und gespürt hat man diesen Unterschied zwischen Determiniertheit und Vorhersagbarkeit schon immer, beim Wetter zum Beispiel. Jeder ist schließlich sicher, dass Regen und Stürme durch physikalische Gesetze festliegen (determiniert werden), jeder weiß aber intuitiv auch, dass ihre Vorhersage selten gelingt. Der gesunde Menschenverstand hat sich an dieser Stelle bislang damit getröstet, dass dies kein prinzipielles Problem ist und nur mit einigen Lücken unseres Wissens zusammenhängt, die wir in Zukunft aber noch schließen werden. Wenn wir eines nahen oder fernen Tages noch mehr wissen und noch größere Computer verfügbar haben, werden wir alles ausrechnen und also vorhersagen können, dachte er sich. Aber dies ist ein Irrtum. Die langfristige Unbestimmtheit eines gesetzlich streng bestimmten Geschehens ist prinzipieller und grundlegender Natur. Sie selbst ist das (übergeordnete) Gesetz. Das determinierte Chaos hält dabei die Zukunft offen. Mit ihm kehrt die Freiheit selbst in die Physik zurück. Die Unfreiheit wird jedenfalls unbeweisbar.

Die genetischen Beispiele

Damit vollzieht sich in der Physik erneut eine Revolution, die den gesunden Menschenverstand hinter sich lässt und dabei zugleich weiter vom allgemeinen Bewusstsein entfernt. Solche Fortschritte hat es auch in anderen Wissenschaften gegeben und sie sind am leichtesten aufzuspüren, wenn sich ein Forscher statistisch auf den Weg zur wissenschaftlichen Wahrheit macht. Im

Grunde widerspricht jede Anwendung von Wahrscheinlichkeiten unserem intuitiven Verstehen. Dem Autor jedenfalls will nicht unmittelbar einleuchten, was er in Jahren seines Studiums gelernt und formal als richtig begriffen hat: dass nämlich entgegen der Ansicht des Alltagsverstandes die durchschnittliche Aktivität einer großen Population von Individuen nicht dem Durchschnitt der individuellen Verhaltensweisen entspricht (6). Überhaupt bereitet das statistische Verhältnis zwischen Gesamtheit und Individuum größte intuitive Probleme. Wie soll man (ohne weiteres) verstehen, dass man zwar vorhersagen kann, wie sich ein ganzes Volk verhält – zum Beispiel »wissen« die relevanten Leute, dass am kommenden Samstag 15 Millionen Menschen abends vor dem Fernsehschirm sitzen und dabei soundsoviel Liter Bier, Wein oder etwas anderes trinken werden –, dass aber niemand vorhersagen kann, wie sich ein einzelner Mensch verhalten wird. Auch der treueste Zuschauer kann einmal etwas anderes machen.

Diese seltsame Statistik der Menschen findet übrigens ihre Analogie in der Quantenwelt. Kein physikalisches Gesetz sagt zum Beispiel etwas über den genauen Zeitpunkt, zu dem ein radioaktives Atom zerfällt. Das Einzelereignis bleibt unbestimmt. Bestimmt werden kann nur das durchschnittliche Eintreten vieler Ereignisse. Die individuelle Freiheit geht offenbar in der Masse verloren.

Und doch meldet der Einzelfall gerade in der Statistik seine Bedeutung an. Er tut das indirekt. Es ist nämlich der Blick auf viele Ereignisse, die ziemlich verstreut liegen. Dieser Blick bringt viel genauere Ergebnisse hervor als die noch so sorgfältige Analyse eines Einzelfalls. So paradox es klingt: Es sind gerade die Schwankungen um einen Mittelwert, die den sicheren Boden des Wissens bereiten. Historisch kann das durch zwei Beispiele aus der Genetik belegt werden. Beide stehen am Anfang von Entwicklungen, die ganz neue Wissenschaften hervorgebracht haben.

Da ist zuerst einmal der Begründer der Genetik selbst, Gregor Mendel nämlich. Er wollte wissen, nach welchen Regeln die sichtbaren Eigenschaften (Merkmale) einer Pflanze an die nachfolgende Generation weitergegeben werden – in seinem Fall hatte er sich Erbsen gewählt, die er in seinem Klostergarten in Brünn pflegte und miteinander kreuzte. Im Gegensatz zu vielen Vorgängern, die viele Pflanzenarten untereinander kreuzten, schaute Mendel nicht nur danach, was eine Kreuzung erbrachte. Er notierte die Bilanz vieler Kreuzungen und errechnete daraus die Wahrscheinlichkeit, mit der ein bestimmtes Merkmal in der nachfolgenden Generation oder später wieder erscheint. Von diesen Verteilungen aus schloss er auf die Existenz von Erbelementen, die wir heute Gene nennen. Dieser antiintuitive Erkenntnisgewinn durch eine Analyse von Schwankungen wiederholte sich in der Genetik mehr als ein halbes Jahrhundert später (8). Anfang der vierziger Jahre hatten die ersten Genetiker ihr Augenmerk auf Bakterien gerichtet. Die uns heute seltsam anmutende Frage, die damals aber von entscheidender Bedeutung war, lautete, ob diese winzigen Organismen überhaupt Gene haben. (Vielleicht vermehren sie sich auch nach ganz anderen Prinzipien.) Ein Weg, dies zu untersuchen, bot sich mit Hilfe von speziellen Viren an – den so genannten Phagen –, die Bakterien angreifen und zerstören können. In einer Bakterienkultur fanden sich nun immer einige Bakterien, die den Angriffen solcher Phagen widerstanden. Sie waren resistent geworden. Und die Vermutung war, dass diese Resistenz durch eine Mutation möglich werden konnte.

Wie konnte diese Hypothese bewiesen werden? Das Problem wurde immer wieder bearbeitet und immer wieder ohne Erfolg. Die Experimente schienen nur ein reines Durcheinander zu produzieren und die Ergebnisse unterlagen enormen Schwankungen. Eigentlich erwartete der gesunde Menschenverstand der Forscher, dass die Zahl der resistenten Bakterien linear mit dem Alter der Kultur anwächst. Doch irgendwie gelang es nie, die Versuche präzise durchzuführen. Die Lösung kam, als Salvatore Luria und Max Delbrück 1943 endlich das Pferd vor den Wagen spannten und nicht die absolute Zahl der resistenten Bakterien untersuchten, sondern sich auf die Schwankungen konzentrierten, die bei ihren entsprechenden Versuchen auftraten. Durch die Art der Fluktuationen erkannten sie als Ursache für die Resistenz die Mutation in einem Gen. Und durch die Größe der Schwankungen gelang es ihnen auch, die Häufigkeit der Mutationen festzustellen. Die Bakteriengenetik war damit geboren. Der alten Wissenschaft von der Vererbung wurde diese neue Richtung gegeben, als man erkannte, dass nicht – wie man intuitiv denkt – der Mittelwert entscheidend zur Einsicht verhilft, sondern dass dies die Schwankungen tun, die einem eher lästig erscheinen, wenn man einen ersten Blick auf sein Experiment wirft.

So unterschätzt der gesunde Menschenverstand die Bedeutung von Schwankungen ganz allgemein. Es sind nämlich gerade die Schwankungen, die Leben überhaupt und auch viele seiner Eigenschaften ermöglichen. Das fängt mit dem Weltall an und hört mit der Evolution auf (7; 8). Mittelwerte bedeuten nichts, Schwankungen sind alles.

Die fehlgeleiteten Theorien

Es ist einfach falsch, wenn man seiner Intuition folgt und der direkten Anschauung nachgibt. Dabei entsteht keine wissenschaftliche Erkenntnis und kein Naturgesetz lässt sich so formulieren. Diese Einsicht ist nicht neu. Der Engländer Sir Arthur Eddington hat sie schon kurz nach der Aufstellung der modernen physikalischen Theorien formuliert (9). Ein wissenschaftliches Gesetz, das den gesunden Menschenverstand befriedigt, das sei nur eine Konvention, erdacht zu unserer eigenen Befriedigung. Ein winziger Blick in die Geschichte jeder Wissenschaft trifft auf Beispiele, die Eddingtons Satz bestätigen.

So haben zum Beispiel Biologen jahrhundertelang angenommen, dass die Vererbung durch das Blut geschieht. Auf jeden Fall musste es ein fließendes Element und kein unstetes Gebilde sein, an dem die Erbeigenschaften hängen. Als Mendel mit seiner Genhypothese das Gegenteil verkündete, folgte ihm zunächst niemand, denn der gesunde Menschenverstand ist träge und nur schwer zu überzeugen.

Im Grunde bietet der Vergleich mit den naiven Erwartungen die Chance, die Qualität einer Theorie einzuschätzen. Je mehr sie sich dem gesunden Menschenverstand und seinen Vorstellungen fügt – so könnte man sagen –, desto weniger ist eine Theorie wert. Nach diesem Maßstab ist zum Beispiel die Beschreibung, die Aristoteles von der Bewegung gibt, schlichtweg falsch. Die Theorie von Newton ist – wie wir heute wissen –

auch falsch, sie kann aber für sich schon eine höhere Stufe der Qualität beanspruchen, weil sie wenigstens erste Versuche unternimmt, die Fesseln der Anschauung abzustreifen.

Hier sei ein kleiner Exkurs gestattet. Max Delbrück hat darauf hingewiesen, dass wir mit der Beschreibung des Aristoteles völlig zufrieden wären, wenn wir so lebten, wie es die Bakterien tun (5). Im Gegensatz zu uns, die wir beim Laufen – cum grano salis – nur den Luftwiderstand zu überwinden haben, schwimmen die Bakterien in einer Welt (in einem Kulturmedium) herum, in der die Trägheit der bewegten Masse um ein Vielfaches von der Viskosität übertroffen wird. Als Menschen können wir zumeist den Widerstand durch die Luft vernachlässigen, und wenn wir uns – zum Beispiel in einem Auto – schnell bewegen, brauchen wir viel Zeit (und eine lange Bremsstrecke), um zum Halten zu kommen. Obwohl Bakterien nun mit einer im Vergleich zu ihrer Ausdehnung hohen Geschwindigkeit unterwegs sind – pro Sekunde legen sie eine Strecke zurück, die 30mal größer als ihre Länge ist; ein Auto hätte in diesem Fall eine Geschwindigkeit von 500 Kilometern pro Stunde –, bewegen sie sich nur noch minimal vorwärts, wenn ihre Flagellen (der bakterielle Motor) zu schlagen aufhören. Es ist so, als ob das erwähnte Auto nach einigen Metern zum Stehen kommen würde. Die empirische Evidenz würde einem Bakterium deutlich sagen, dass eine fortdauernde Bewegung tatsächlich eine stetig eingreifende Ursache erfordert, genau was Aristoteles vermutet hat.

Da wir aber nicht wie Bakterien leben, konnte spätestens Newton diesen Fehler bei der Beschreibung von Bewegungen durchschauen. Er scheiterte aber noch an dem Rat des gesunden Menschenverstandes, der besagte, dass wir in einer euklidischen Welt leben. Diesen Irrtum hat erst Albert Einstein zu Beginn dieses Jahrhunderts erkannt. Wieso er dazu in der Lage war, bleibt unklar, aber eine lohnende Frage. Warum hat Einstein so viel mehr sehen können als wir? Gab es vielleicht etwas Besonderes an seinem Gehirn? Es ist nach seinem Tode untersucht worden, allerdings ohne auswertbares Ergebnis (10). Die Anatomie ist es also nicht. Was aber dann? Man findet möglicherweise eine Spur, wenn man sich an Auskünfte hält, die Einstein selbst gegeben hat. Im Jahre 1954 hat er beschrieben, dass er erst spät sprechen gelernt hat. »Meine Eltern machten sich Sorgen, weil ich erst relativ spät angefangen habe zu sprechen. Ich weiß nicht, wie alt ich damals war, aber sicherlich nicht unter drei« (zitiert in 10).

In die gleiche Richtung weist die Antwort, die Einstein dem Franzosen Jacques Hadamard gegeben hat, der versucht hat, die Psychologie der Kreativität bei Mathematikern zu verstehen (11) Einstein hat ihm auf die Frage, wie er seine Entdeckungen gemacht hat, Folgendes geschrieben: »Es scheint nicht so zu sein, dass die Wörter oder die Sprache – und zwar die geschriebene oder die gesprochene – irgendeine Rolle bei den Denkvorgängen spielt.« Die »Elemente« seines Denkens »sind visueller Art«. Und in einem Gespräch mit dem Psychologen Wertheimer hat er einmal gesagt: »Ich denke recht selten in Worten. Zuerst habe ich einen Gedanken und erst danach kann ich versuchen, ihn in Worte zu fassen, ... natürlich steht hinter einer derartigen Richtung [das Gefühl, auf etwas Konkretes zuzugehen] stets etwas Logisches, aber bei mir ist das immer in einer Art von Überblick präsent, sozusagen visuell ...«

(10). Diese Unterscheidung zwischen dem Überblick und dem Sprechen ist den Biologen heute vertraut, die das Gehirn erkunden. Die beiden angesprochenen Funktionen werden im Kopf getrennt erfüllt, die Sprache kommt gewöhnlich aus der linken Hirnhälfte und den Überblick verschafft uns die rechte Hemisphäre (12). Einstein – so könnte ein Hirnforscher also einmal schließen – denkt also mehr mit seiner rechten Hirnhälfte (Hemisphäre), und die hat sich nicht – wie es bei uns sonst üblich ist – von der linken Hemisphäre beherrschen lassen (12). Vielleicht besteht so tatsächlich die Chance, die Trägheit unserer Seele zu überwinden, nämlich indem wir unsere rechte Hälfte im Kopf besser trainieren und mehr auf sie achten. Leicht wird dies nicht werden und das Thema taugt zur Zeit mehr zu luftigen Spekulationen und weniger zu ernsten Ratschlägen.

Wie dem auch sei, Einstein hat den gesunden Menschenverstand vollständig durchschaut und eine Theorie der Bewegung von Massen in Raum und Zeit geliefert, die uns ziemlich viel zumutet. Im Grunde kränkt sie unsere intuitive Überzeugung, dass die Strukturen des Denkens und die Strukturen der Wirklichkeit übereinstimmen. Die Relativitätstheorie beleidigt den gesunden Menschenverstand und hierin steckt auch der Grund, warum sie so heftig umstritten ist und bekämpft wird. Trotz aller experimentellen Bestätigungen der Theorie hat es von Anfang an Proteste gegen Einstein gegeben. Es ist ja auch extrem schwer zu schlucken, dass der Raum, den wir sehen, anders ist, als wir ihn sehen.

Viele Menschen lassen sich diese Beleidigung nicht gefallen und sie legen alle möglichen und unmöglichen

Argumente vor, mit denen sie die Theorie von Einstein als Unsinn erklären. Die Kritiker sind keine gescheiterten Existenzen, die nicht in der Lage sind, die mathematischen Formeln zu handhaben, die Einstein vorgelegt hat. Im Gegenteil! Die Kritiker kennen sich zum Teil besser in den Details der Relativität aus als viele Professoren der Physik. Die Formalitäten beherrschen sie spielend. Sie bezweifeln vielmehr die unanschaulichen Annahmen, mit denen Einstein seine Ableitungen beginnt. Die beleidigten Kritiker weigern sich, an die Konstanz der Lichtgeschwindigkeit zu glauben. Der gesunde Menschenverstand sagt einem schließlich, dass sich Geschwindigkeiten addieren.

Sie stehen natürlich nicht ohne jeden rationalen Schutz da – ihr Hinweis etwa, dass es kein Experiment gibt, das die Konstanz der Lichtgeschwindigkeit direkt nachweist, hatte vor zehn Jahren noch Bestand –, aber wer seine Augen vor all der gegenteiligen Evidenz verschließt, die die physikalischen Wissenschaften in den letzten Jahren geliefert haben, muss schon einen inneren Motivator haben, der stärker als alle Vernunft ist. Überzeugen kann man die Kritiker noch nicht einmal auf der Basis des gesunden Menschenverstandes.

Was ihren Anblick so traurig macht, ist die Chance, die sie verpassen. Wenn wir nach Durchlaufen aller kognitiven Stufen die Welt mit den biologisch erarbeiteten Kategorien betreten, sind wir vom gesunden Menschenverstand gefesselt. Wir haben aber die Möglichkeit, uns aus seinen Ketten zu befreien. Zum Beispiel, indem wir versuchen, die Erkenntnisse zu verstehen, die das naturwissenschaftliche Abenteuer uns beschert hat. Wir sollten diese intellektuellen Unternehmungen als Erlebnisangebot ernst nehmen und nachvollziehen. Die

Freiheit dazu haben wir. Es ist ein Trauerspiel, dass sie allzu oft dazu verwendet wird, die durch die erwähnten Ketten erzwungene, starre Haltung als aufrechte Position auszugeben.

Die missverstandene Evolution

Ähnlich umstritten wie die Theorie der Relativität ist auch die Theorie der Evolution. Die Parallelität der Begriffe täuscht allerdings eine Verwandtschaft vor, die in Wirklichkeit nicht vorhanden ist. Während Einsteins Theorie ein fertiges mathematisches Gebäude ist, dessen Details noch zu vermessen bleiben, steht Darwins Theorie als konzeptionelles Gerüst da, an dem noch viele Befestigungen fehlen und zu der noch zahlreiche Wege gelegt und gefunden werden können.

Den Gedanken der Evolution hat zuerst der Franzose Jean Baptiste Lamarck zu Beginn des 19. Jahrhunderts geäußert. Er hat die Tatsache richtig erkannt und beschrieben, dass die lebenden Tierarten durch eine Veränderung von Spezies entstanden sind, die früher einmal gelebt haben. Damit setzte sich Lamarck ganz energisch gegen den gesunden Menschenverstand durch, weshalb wir ihn auch als einen großen Wissenschaftler im Buch der Biologie würdigen sollten. Lamarck musste sich dabei auch gegen die Autorität der Bibel durchsetzen, die für sich beanspruchte, die Quelle aller wissenschaftlichen Erklärung zu sein. Während der gesunde Menschenverstand sich einen Gott vorstellt, der jederzeit in den Lauf der Dinge eingreift und Wunder tut, ersetzte man ihn in dem damals anbrechenden Zeitalter der Vernunft durch das Bild eines Gottes, der allgemeine Gesetze gibt, welche dann die

Phänomene bewirken beziehungsweise auf sie einwirken.

Lamarck ist heute leider negativ in Erinnerung, weil er bei der Suche nach dem Grund für die Evolution den Fehler gemacht hat, auf den gesunden Menschenverstand zu hören. Und der sagte ihm, dass die Änderungen der Lebewesen von der Umwelt bestimmt werden. Eine gegebene Umwelt schafft in den Tieren ein Bedürfnis, das sie im Laufe ihres Lebens erwerben beziehungsweise trainieren und schließlich an ihre Kinder weitergeben. Hoch hängende Früchte – so das triviale Beispiel der Giraffen – schaffen das Bedürfnis nach einem langen Hals und so weiter. Eine entsprechend veränderte Umwelt sorgt auch nach Lamarck dafür, dass bestimmte Körperteile immer weniger gebraucht werden. Und deshalb werden sie irgendwann nicht weitergegeben und fallen einfach weg.

Dass Eigenschaften weitergegeben werden können, die im Laufe eines Lebens erworben worden sind – genauso stellt sich der gesunde Menschenverstand den Mechanismus der Evolution vor, wenn er diese erst einmal eingesehen hat. Und genauso ist es auch falsch. Darwin hat ein halbes Jahrhundert nach Lamarck erkannt, wie es richtig aussieht. Zunächst gibt es zufällige Variationen im Erbgut, die zu veränderten Merkmalen führen. Und die mit diesen neuen Eigenschaften ausgestatteten Organismen müssen sich anschließend in der Welt bewähren. Wenn sie es nicht tun, scheitert die neue Variante, und sie pflanzt sich nicht fort.

Diese bevorzugte Stellung des Zufalls in der Evolution macht es auch heute noch vielen Menschen schwer, die Abstammung der Arten zu akzeptieren, wie Darwin sie beschrieben hat. Es ist kein Zufall, dass viele Kritiker des evolutionären Gedankens starke kirchliche Bindungen haben (auch wenn es dafür andere historische Gründe gibt). Mit dem großen Uhrmacher Gott ist doch alles so viel leichter zu verstehen und mit dem gesunden Menschenverstand zu versöhnen.

Die Kritiker weisen mit unverhohlenem Vergnügen auf die Unvollständigkeit der Evolutionstheorie hin. Sie tun dies im Grunde zu Recht, denn noch ist niemand in der Lage, eine umfassende und genaue Rekonstruktion der wirkenden Mechanismen zu geben, und vermutlich fehlen uns immer noch viele elementare Begriffe, um zu verstehen, was sich seit Jahrmillionen vor unseren Augen abspielt. So wurde zum Beispiel in letzter Zeit klar, dass ohne die Konzepte der Doppelfunktion und des horizontalen Gentransfers keine Erklärung der Evolution auskommen kann. Um aber aus dieser offen erörterten augenblicklichen Unvollständigkeit auf die Unmöglichkeit einer Deutung des evolutionären Prozesses schließen zu können, muss man schon den gesunden Menschenverstand zu Hilfe nehmen, der ein schlechter Ratgeber in Fragen der Erkenntnis ist, wie inzwischen klar geworden sein sollte.

Es gibt mindestens zwei Probleme, die viele Menschen mit dem Konzept der Evolution haben. Zum einen haben alle (künstlichen) Dinge des Alltags einen Sinn, wie man so sagt. Sie wurden in einer bestimmten Absicht nach einem festgelegten Plan hervorgebracht. Und diese selbstverständliche Ordnung soll bei den natürlichen Dingen – zum Beispiel den Lebewesen – nicht mehr bestehen. Da bockt der gesunde Menschenverstand, der einen Uhrmacher sucht, wenn er eine Uhr findet, und der einen Schöpfer sucht, wenn er Leben findet.

Wir wollen beziehungsweise müssen diese Schwierigkeit auf sich beruhen lassen. Sie führt aber auf ein anderes Dilemma, das leichter gelöst werden kann, nämlich die scheinbare Unvereinbarkeit des Glaubens an Gott mit der Einsicht in die Evolution. Viele Menschen leben unter dem Eindruck, dass man entweder an Gott glaubt oder sich auf die Evolution einlässt. Beides zusammen kann – so denken sie – wohl nicht funktionieren.

So sehr dies auch den gesunden Menschenverstand überrascht, zwischen Gott und der Evolution besteht kein Widerspruch. Beide verhalten sich nicht nur konträr zueinander, sondern beide sind auch komplementär. Das heißt, diese beiden Denkerfahrungen schließen sich einmal gegenseitig aus – wer ein wissenschaftliches Experiment unternimmt, kann dies nicht mit theologischen oder christlichen Ideen oder Wundern deuten –, sie ergänzen sich zugleich aber auch. Sie sind sogar aufeinander angewiesen. Jede der beiden Denkerfahrungen erfasst einen anderen Bereich des Menschen. Die Evolution handelt von der biophysikalisch-chemisch definierten Wirklichkeit, in der Gott nicht zu finden ist. Die Religion handelt von der geistig-spirituellen Wirklichkeit des Menschen, in der Moleküle und Zellen keine Rolle spielen (13).

Natürlich ist hier nicht eine bestimmte Religion oder ein bestimmter Gott gemeint, es ist nur gemeint, dass sich neben dem materiellen (rationalen) Bild der Wirklichkeit immer auch ein spirituelles (irrationales) finden wird. Dies zeigt der Blick in die Geschichte, denn noch hat jede Leugnung von Gott sich einen Ersatz geschaffen, der unter jeweils verschiedenen Bezeichnungen geführt wird. Bei Schopenhauer etwa ist es der Wille allgemein, bei Nietzsche ist es der Wille zur

Macht, bei Freud ist es unser Über-Ich, bei Marx ist es die Dialektik und so weiter, und bei vielen Wissenschaftlern ist es die von ihnen so genannte Wahrheit. Gott ist offenbar immer da, er heißt nur jeweils anders. Man kann ihn nicht loswerden, man kann ihn nur integrieren. Wer dies ernsthaft betreibt, denkt komplementär.

Die Schöpfung ist nicht in einem »Entweder-oder«-Schema zu erklären, das dem eindeutig und dinghaft orientierten gesunden Menschenverstand passen würde. Die Schöpfung ist als ein »Sowohl-Als-auch« zu verstehen. Gegenteile und Widersprüche müssen nicht wegdiskutiert und verworfen werden, sie müssen – im Gegenteil! – betont und gefestigt werden, weil nur so der Blick auf das Ganze etwas taugt. Ein einziger Blick auf die Wirklichkeit so ganz für sich alleine reicht nicht aus. Die komplementäre Sicht ist ebenso erforderlich, nur beide zusammen erfassen das Ganze.

Welche der jeweils komplementären Sichtweisen einzunehmen ist, muss keineswegs festliegen. Da sind wir frei. Man kann etwa als Evolutionsbiologe seine Daten sammeln, während man an Gott glaubt oder während man einen Gott ablehnt und Atheist ist. Diese Freiheit des Denkens ist, übrigens, beweisbar (5; 13). Sie gehört uns also fest. Wir können sie nicht aufgeben. Die Denkfreiheit ist also nicht frei, es besteht so etwas wie ein Zwang dazu, womit wir von der Freiheit und also von Rückbezügen reden, was ja bekanntlich Probleme macht. Bei diesen Problemen können wir uns aber wenigstens nicht beklagen.

Im Grunde spielen die Fehler, die der gesunde Menschenverstand in wissenschaftliche Theorien einschleust, keine Rolle, solange die gewonnenen Einsichten nicht dazu verleiten, praktische Konsequenzen zu fordern. Wenn aber ein theoretisches Konstrukt zu ganz bestimmten praktischen Handlungen aufruft, dann wird die Sache mit den Fehlern ernst. Eine falsche Wissenschaft kann bestenfalls zufällig zu den Folgen führen, die sie beabsichtigt. Viel wahrscheinlicher ist allerdings, dass sich ihre Ratschläge negativ auswirken, entweder, indem sie direkt schaden, oder, indem sie richtiges Handeln verhindern.

Gemeint ist zum Beispiel die Psychoanalyse von Sigmund Freud, die sich als Wissenschaft gebärdet und die Heilung und Befreiung von seelischen Krankheiten verspricht, die aber in Wahrheit eine falsche und unsinnige Anwendung der Physik auf die Psyche des Menschen ist, auf die nur der ganz schlichte gesunde Menschenverstand kommen kann. An dieser Stelle muss sich natürlich der Verdacht einschleichen, dass es gerade diese Übereinstimmung mit dem gesunden Menschenverstand ist, durch den der Erfolg der Psychoanalyse zu erklären sein könnte.

Sehen wir zunächst, wann und unter welchen Umständen Freud seine Lehre in die Welt gesetzt hat. Er skizzierte seine Theorie in den neunziger Jahren des vorigen Jahrhunderts mit der Absicht, ein Modell der Seele zu entwerfen. Freud wollte den Newton des Grashalms überspringen und gleich zum Newton der Seele werden und ihre Physik formulieren. Das große Vorbild aus der Physik waren die Erhaltungssätze, und hier vor allem der Erste Hauptsatz der Thermodynamik, der feststellte, dass die Energie der Welt konstant ist. Energie kann weder erzeugt noch vernichtet werden. Energie wechselt nur die Form, in der sie auftritt, als Bewegungsenergie, als Wärmeenergie oder auch als elektrische beziehungsweise als chemische Energie. Diese Erhaltung – so dachte sich Freud – müsse sich doch auch auf die Psyche anwenden lassen. Energie fließt von außen in den Körper ein, dringt in die Seele vor und der psychische Apparat wird nun aufgeladen. Die psychische Energie kann nicht mehr gelöscht werden und drängt auf Abfuhr. Triebhafte Handlungen sind die Folge, die den erwünschten reizfreien Zustand wiederherstellen. So weit damals Freud und so weit heute immer noch viele seiner Anhänger (14).

Im Gefolge von Freud hat später Wilhelm Reich die Theorie von der sexuellen Energie übernommen und zu einer Lehre von der »orgastischen Potenz« ausgeweitet. Impotenz und Frigidität konnten ihm zufolge geheilt werden, wenn man die biologische Energie nur wieder frei strömen lassen würde, die sich – bei entsprechenden Positionen – in den unwillkürlichen lustvollen Körperzuckungen zeigt.

Es ist allzu offensichtlich, wie zuerst Freud und in seinem Gefolge vor allem Reich dem gesunden Menschenverstand in jeder Hinsicht zum Opfer fallen. Für sie ist die Energie ein handgreiflicher Saft, der offenbar ganz konkret wie Blut durch die Körper strömt und sich direkt in Körperbewegungen umsetzt. Die beiden Psychoanalytiker haben offenbar überhaupt nicht verstanden, was Energie ist. Energie ist nämlich keine konkrete Substanz, die man in ein Gefäß schütten und umrühren könnte. Energie ist ein Konzept aus der Physik des

19. Jahrhunderts, mit der die Fähigkeit eines Systems beschrieben wurde, Arbeit zu verrichten.

Der Begriff hat sich später aus seinem fachlichen Zusammenhang gelöst und in die Alltagssprache eingenistet, in der er heute noch zu Hause und nach der Energiekrise nicht mehr wegzudenken ist. Hier im Bereich des gesunden Menschenverstandes traut man der Energie nun eine konkrete Existenz zu und erwartet auch wie Freud, dass sie einfließen, sich sammeln und stauen und wieder abfließen kann (oder nicht). Aber erstens strömt da nicht etwas Konkretes – eine falsch verstandene Energie – in unseren Körper hinein oder durch ihn hindurch, zweitens fließt auch keine (richtig verstandene) Energie aus dem Körper in das Gehirn und drittens funktioniert ein Gehirn nicht wie eine Dampfmaschine. In unserem Denkorgan findet mit Sicherheit keine Umverteilung irgendwelcher Energieformen statt, vielmehr werden hier Signale umgewandelt und weitergegeben (12; 14).

An der Psychoanalyse ist schlichtweg alles falsch, was überprüfbar ist (14). Freud hat eine völlig unsinnige und eher alberne Physiologie auf die Beine gestellt, deren Grundannahmen inzwischen vieltausendfach widerlegt worden sind, wie etwa die Annahme, dass es der reizfreie Zustand ist, den ein Gehirn erreichen möchte. So stellt sich das nur der gesunde Menschenverstand vor. Wieder ist das genaue Gegenteil der Fall. Die Seele braucht ein mittleres Reizniveau, um funktionieren zu können. Und die Neuronen stehen dauernd unter (physikalischer) Spannung. Paradox formuliert: Entspannt sind wir, wenn unsere Teile geladen sind. Und da die Spannung durch Ladungstrennung bewirkt wird: Wenn innen alles getrennt ist, passt außen alles zusammen.

Das Gehirn ist mit dem gesunden Menschenverstand einfach nicht zu fassen, wie man sich leicht an zwei weiteren Beispielen klar machen kann. Es geht dabei um die visuelle Wahrnehmung und die Verarbeitung der Zeit (12; 15).

In den letzten Jahren haben Versuche, die zur Erkundung des Sehsystems unternommen worden sind, gezeigt, dass der uns umgebende Raum im Gehirn nicht punktweise abgebildet wird. Das Gehirn ist kein innerer Spiegel, wie es sich der gesunde Menschenverstand leicht ausdenken könnte. Die Welt wird zwar noch auf der Netzhaut abgebildet, aber ihr Bild stimmt schon hier nicht mehr mit der Welt überein. Es liegt zum Beispiel verkehrt herum und ist ziemlich unscharf. Doch selbst dieses Bild ist noch nicht im Kopf und es muss nun anders verarbeitet werden, als man es sich so einfach vorstellt, denn es kann ja dort keinen kleinen Menschen geben, der sich das Bild auf der Netzhaut ansieht. Die optischen Informationen werden vielmehr auf besondere Weise zerlegt, die nur begrenzt die Ordnung der Welt verwendet, die sich noch auf der Retina zeigt. Es gibt Nervenzellen, die nur auf Linien reagieren, andere sprechen nur bei Balken an, und dies auch nur manchmal, wenn sie sich in der richtigen Orientierung zeigen. Die Anfangsschwierigkeit bei den Untersuchungen steckte dann auch tatsächlich darin, dass sich die Forscher erst einmal von der intuitiven Vorstellung befreien mussten, die äußere Welt werde im Gehirn wie bei einer fotografischen Platte Punkt für Punkt abgebildet.

Das zweite Beispiel betrifft die Wahrnehmung der Zeit. Eigentlich sollte man denken, dass eine so elementare und uns direkt betreffende Größe auf ebenso elementare und direkte Weise im Gehirn registriert wird.

Was aber für uns zuerst kommt, tut dies noch lange nicht der Sache nach.

Die Abfolge sieht im Gehirn ganz anders aus, wie der Psychologe Ernst Pöppel genauer untersucht und beschrieben hat (15): »Die Frage, wie wir zur Zeit kommen, besteht im Grunde aus vielen Fragen. Wenn wir verstehen wollen, warum wir etwas über Vergangenheit und Zukunft wissen, müssen wir Gedächtnisfunktionen heranziehen. Wenn wir unser Jetzt verstehen wollen, dann beziehen wir uns auf Integrations-Mechanismen, die in der Hierarchie des Zeiterlebens eine Stufe tiefer stehen. Wenn wir uns dafür interessieren, wie es möglich ist, dass Ereignisse als aufeinander folgend erlebt werden können, gehen wir in der Hierarchie wieder eine Stufe nach unten. Wenn wir uns fragen, was eigentlich ein Ereignis in der Zeit ist, kommen wir zu Identifikations-Mechanismen. Und wenn wir danach fragen, wie Ungleichzeitiges wahrzunehmen ist, dann sind wir in der hierarchischen Klassifikation menschlicher Zeiterlebnisse auf der untersten Stufe, nämlich bei Mechanismen in den Sinnesorganen selbst, angelangt. Unser Zeiterleben setzt aber die Intaktheit aller Systeme voraus.«

Die kopernikanische Wendung

Der Eindruck ist unverkennbar, dass der Weg zur Einsicht mit Kehrtwendungen verbunden ist, und dafür ließen sich noch viele Beispiele aus vielen Wissenschaftsbereichen anführen. Wir wollen aber stattdessen einen Positionswechsel von allgemeiner Bedeutung betrachten, der zudem mehrfach stattgefunden hat. Wenn nämlich – wie wir behaupten – der Fortschritt in der Wissenschaft eine Befreiung von den intuitiven Fesseln des gesunden Menschenverstandes ist, dann sollte sich dies deutlich zeigen, wenn wir einen Blick auf die verschiedenen kopernikanischen Kehren werfen, die es im Laufe der Geschichte gegeben hat. Ihren Namen verdankt diese Umkehrung des Denkens Nikolaus Kopernikus, der vor mehr als vierhundert Jahren (1543) die Erde aus dem Mittelpunkt des Kosmos herausnahm und dort die Sonne hineinstellte. Kopernikus vertrat zwar das heliozentrische System nicht als Erster, aber er tat es konsequent und überzeugend. Die durch seinen Vorschlag erreichte Vereinfachung in der Deutung der Planetenbewegung verdient somit ganz sicher den Titel einer kopernikanischen Revolution.

Die Wendung musste gegen den gesunden Menschenverstand vollzogen werden, denn der Blick zum Himmel sagt uns doch – jedenfalls der erste –, dass sich alles um uns dreht. Kinder sehen den Kosmos zuerst als Ptolemäer an und geben diesen tatsächlich naiven Egozentrismus erst nach und nach auf. Sie tun dies offenbar dann, wenn sie älter als acht Jahre werden. Dann lernen sie auch, sich die Perspektive von anderen Beobachtern vorzustellen und die Welt von vielen Standpunkten aus zu sehen (16).

Ebenso wie die Kinder mussten auch die Erwachsenen erst lernen, den egozentrischen Standpunkt eines Ptolemäers durch eine kopernikanische Wendung zu verlassen. Sie begann an der Stelle, die von uns am weitesten entfernt ist, am Himmel nämlich. Die nächste Wendung vollzog sich dann auf der Erde und ist mit dem Namen Charles Darwin verbunden. Seine antiintuitive Einsicht in die evolutionäre Herkunft des Menschen aus der Natur nimmt ihm (und uns) die Sonderstellung, die der gesunde Menschenverstand gerne für sich reserviert hätte.

Wieder gehen wir nun konsequent den Weg von außen nach innen und finden eine dritte kopernikanische Wendung in uns selbst, genauer gesagt, in unserem erkenntnistheoretischen Denken. Gemeint ist das Aufkommen der Evolutionären Erkenntnistheorie, die dem Erkenntnisvermögen des Menschen eine biologische Geschichte zutraut und als Passung auf die Welt deutet (3; 5). In dieser Theorie wird der Mensch zu demselben unbedeutenden Beobachter am Rand des kosmischen Geschehens gemacht, zu dem ihn schon Kopernikus und Darwin gemacht haben. Der Mensch hat damit vollständig den Mittelpunkt verlassen und er ist beweglicher und freier geworden.

An dieser Stelle gibt es allerdings einen Streit, denn die Philosophie, die sich ohne Rückgriff auf die Biologie orientieren möchte, weist unermüdlich darauf hin, dass diese kopernikanische Wendung schon vor mehr als zweihundert Jahren von Immanuel Kant vollzogen worden ist – also noch bevor Darwin seine Vorstellungen von der Abstammung der Arten erläuterte. Kant hat bekanntlich festgestellt, dass wir die Gesetze der Natur nicht in ihr finden, sondern sie – im Gegenteil – ihr vorschreiben. Kant selbst hat diese Umdeutung mit Kopernikus in Verbindung gebracht und diesen Gedanken in der »Kritik der reinen Vernunft« so formuliert: »Es ist hiermit ebenso als mit den ersten Gedanken des Kopernikus bewandt, der, nachdem es mit der Erklärung der Himmelsbewegungen nicht gut fort wollte, wenn er annahm, das ganze Sternenheer drehe sich um den Zuschauer, versuchte, ob es nicht besser gelingen möchte, wenn er den Zuschauer sich drehen und dagegen die Sterne in Ruhe ließ. In der Metaphysik kann man nun, was die Anschauung der Gegenstände betrifft, es auf ähnliche Weise versuchen.«

Dennoch scheint es nicht berechtigt zu sein, den von Kant vollzogenen Standortwechsel mit der Bezeichnung »kopernikanische Wende« zu charakterisieren.

Schließlich stellt Kant den Menschen gerade nicht an den Rand des Geschehens, er stellt ihn vielmehr genau in die Mitte. Der Mensch schreibt der Natur die Gesetze doch nun vor. Im Grunde hat Kant mit seiner Behauptung, die Gegenstände müssten sich nach unserer Erkenntnisfähigkeit richten, sogar eine ptolemäische Gegenrevolution ausgeführt, wie schon Bertrand Russell 1952 notiert hat. Kant ist nämlich einfach der Anleitung des gesunden Menschenverstandes gefolgt, der sich glücklich schätzte, dass er der unmittelbaren Täuschung durch die Sinneseindrücke entkommen war.

Man darf nun dabei nicht vergessen, dass Kants Problem darin bestand, den Erfolg der Newtonschen Mechanik zu verstehen. Und die beschrieb eine Welt, die völlig ohne Beobachter auskam. Sein philosophischer Standortwechsel brachte zunächst den Menschen überhaupt erst einmal in die Natur zurück, aus der ihn die Mechanik (mit Unterstützung des gesunden Menschenverstandes) vertrieben hatte. Kant musste uns wahrscheinlich deshalb in die Mitte stellen, damit wir überhaupt erst einmal wieder bemerkbar wurden.

In dieser Mitte haben wir Ptolemäer uns bis in das 20. Jahrhundert hinein gehalten. – Dann wurden wir aber endgültig vertrieben, und zwar – wie beschrieben – von der Evolutionären Erkenntnislehre. Inzwischen hatten die Physiker selbst die ideale beobachterfreie Newtonsche Welt aufgegeben und waren im Rahmen der Atomphysik auf die Rolle gestoßen, die das Subjekt auch bei der objektivsten Beschreibung der Welt einnahm. Die Philosophie bugsierte den Beobachter schließlich an dieselbe Stelle, an der sich der Mensch inzwischen überall aufhielt, irgendwo an die Peripherie nämlich. Hier ist er natürlich kein Zigeuner, der dann am Rand des Universums sein Dasein fristet, er ist einfach mit dabei. Nicht mehr und nicht weniger, wie es scheint, aber eben doch mehr, als man denkt.

Der gesunde Menschenverstand hat dem Menschen (also sich selbst) eine Sonderstellung verschaffen wollen, indem er ihn aus der Natur herausgenommen hat. Die große Linie der Philosophie vor der Entdeckung der Evolution bestand darin, dem Menschen angeborenes Wissen zuzuschreiben, um ihn einzigartig unter den Lebewesen dastehen zu lassen (17). Nun – nach der Revolution der Evolution – sehen wir, dass dieser Schuh am falschen Fuß steckt. Genau auf der Gegenseite muss man ihn anziehen. Der Mensch gewinnt seine Sonderstellung dabei nicht durch seine Einbeziehung in die Natur. Er gewinnt sie durch das, was er bewusst und gewollt aus seiner Natur gemacht hat. Dazu muss man ihm aber erst Gelegenheit geben. Der Mensch wird nicht fix und fertig einzigartig geliefert, er wird gerade unfertig geboren und hat nun alle Freiheiten, sich zu entfalten.

Der Mensch ist also erfolgreich, weil er etwas aus dem macht, was er hat. Diese besondere Fähigkeit zur Entwicklung oder Evolution fängt übrigens schon auf dem niedrigsten Niveau des Lebens an, auf der Ebene der genetischen Moleküle. Der gesunde Menschenverstand täuscht sich nämlich, wenn er denkt, dass Gene molekulare Gebilde sind, die eine Zelle haben. Gene sind vielmehr etwas, das eine Zelle erst entwickelt (18). Gene sind nicht, Gene werden immer nur. Die Molekularbiologie untersucht zur Zeit mit methodischer Hilfe durch die Gentechnik, wie die Gene im Einzelfall werden. Dabei ist es amüsant zu sehen, wie sich die Probleme äußerlich angleichen, denn was die Biologen bei den Genen interessiert, wollen die Philosophen von den Menschen wissen, nämlich »wie man wird, was man ist«.

Die nützlichen Werkzeuge

Diese Formulierung geht auf Friedrich Nietzsche zurück (19). In dem Lesebüchlein, das dieses Zitat im Titel führt, findet sich auch ein bemerkenswerter Satz, der aus Nachlass-Fragmenten Nietzsches stammt und in dem sich der Philosoph über ein Problem äußert, das Biologen und dabei vor allem Genetiker beschäftigt. »Kein Nachdenken ist so wichtig wie das über die Erblichkeit der Eigenschaften«, heißt es da.

So gerne man diesen Satz beherzigen und weitergeben möchte – er stimmt nur zur Hälfte und damit eigentlich überhaupt nicht. Natürlich ist es wichtig, sich über die Erblichkeit von Eigenschaften auszukennen, aber durch Nachdenken wird man nicht herausfinden, auf welchen Wegen die Natur von einer Generation an die nächste geht. Jedenfalls ist kein Ergebnis dieser Tätigkeit bekannt geworden. Einsichten konnten nur mit Hilfe von Experimenten verbucht werden, also mit dem Einsatz von technischen Hilfsmitteln und Werkzeugen.

Dies ist ein Punkt, der vielen Leuten Schwierigkeiten macht, nämlich zu verstehen, dass die Welt und ihre Eigenschaften nicht allein durch Denken verstanden werden können, dass dazu vielmehr ganz handfest gearbeitet werden muss und dass die Qualität der Einsicht selbst von der Qualität der Werkzeuge abhängt. Ohne die Krücken der Maschinen tappt unser Denken allzu oft in die Irre. Bestimmte Zusammenhänge erschließen sich erst, wenn man die richtigen Werkzeuge einsetzt. Die Besonderheiten der genetischen Organisation, die oben angedeutete Beweglichkeit der Gene kann man erst untersuchen, seit es die Gentechnik gibt, und auf Nietzsches Frage kann erst eine Antwort riskiert werden, seit es all die vielen Methoden der Genetiker gibt, mit denen Mutationen erzeugt und markiert werden können.

Erst seit es Computer gibt, können wir die Ordnung erkennen, die auch in einem (determinierten) Chaos wohnt, über die Atome konnte man sich zum erstenmal vernünftig äußern, als hinreichend dünne Metallfolien herstellbar wurden, die bei Streuexperimenten Verwendung finden konnten, und die Supraleitung zeigte sich – und mit ihr die Quantennatur der Materie , als es gelang, besonders tiefe Temperaturen herzustellen.

Unser Weltbild hängt von unseren Werkzeugen ab. Wir sehen nur so weit, wie sie uns tragen. Ohne sie kommen wir nicht voran, wie man sich auch an der Erzählung vom Spülen klar machen kann, die auf Niels Bohr zurückgeht. Der große dänische Physiker hat sich einmal über den Erfolg des Spülens gewundert. Schließlich taucht man dabei schmutziges Geschirr in schmutziges Wasser, wischt daran mit einem schmutzigen Tuch herum und hat zuletzt doch saubere Tassen und Teller.

Man braucht alle drei Komponenten, um am Ende glänzend dazustehen, um etwas mehr von der Wirklichkeit wissen zu können. Wir haben unklare Vorstellungen (das schmutzige Geschirr), denen wir mit letztlich noch unklaren Experimenten (dem schmutzigen Wasser) zu Leibe rücken, und das alles handeln wir in der für uns selbst unklar funktionierenden Sprache ab (dem schmutzigen Lappen). Nur weil die Naturwissenschaften alle drei Elemente einsetzen, können sie wirklich hoffen, am Ende zu strahlen. Wer nur mit einem schmutzigen Lappen an schmutzigen Tellern herumreibt, wird wenig Freude an seinen Ergebnissen haben. Nur wer Werkzeuge mit verwendet, nur wer mit diesen Krücken sein Verstehen kontrolliert beziehungsweise überprüft, kann auf einen Durchblick hoffen und dabei etwas von dem verstehen, das sich vor unseren Augen abspielt. Dies ist die eigentliche Kritik des gesunden Menschenverstandes.

Die abschließende Kritik

Mit Kritik wird in diesem Büchlein offenbar nicht die tief greifende Transzendentalanalyse gemeint, die Kant in seinen Werken vorexerziert. Kritik heißt wörtlich und in diesem Zusammenhang »Kunst der Beurteilung« und mit diesem Begriff ist diejenige Eigenschaft des Menschen gemeint, die ihn davor bewahren kann, von Täuschung und Irrtum betroffen zu werden. Wir haben hier zu zeigen versucht, dass der gesunde Menschenverstand tatsächlich täuschen und zu Irrtümern verleiten kann. Die Art, wie unsere Intelligenz erwacht, errichtet zugleich einige Hindernisse, die später auf dem Weg zur wissenschaftlichen Erkenntnis überwunden werden müssen. Dabei kommt es zu gegenläufigen Tendenzen. Auf der einen Seite gilt nämlich, dass für uns rational zuerst kommt, was wir intuitiv zuletzt in den Griff bekommen. Wir entdecken erst ganz am Ende unserer kognitiven Stufen den Himmel, die Zahlen und die metrischen Eigenschaften des Raumes. Wissenschaftlich fangen wir dann mit Astronomie, Zahlentheorie und euklidischer Geometrie an. Dabei sind wir noch beeinflusst von dem, was wir intuitiv zuerst (und entsprechend rational zuletzt) in den Griff bekommen, nämlich zum Beispiel das Leben und die topologischen Qualitäten von geometrischen Objekten. (Deshalb haben sich die Biologie und die mathematische Disziplin der Topologie erst sehr spät herausgebildet.)

Das auffälligste Erkenntnishindernis ist das organische oder animistische Paradigma, mit dem ein Phänomen schon als verstanden gilt, wenn man ihm einen »lebenden« Namen gegeben hat. Denn wenn wir erwachen, dann lebt zunächst die ganze Welt für uns. Fünfjährige Kinder kennen nur lebende Objekte, alles andere ist weit entfernt. Allerdings nicht unendlich weit. Selbst der Himmel kann mit einer Leiter erreicht werden. Diese kindliche Vorstellung findet übrigens ihre Parallele in den Mythen der Völker. So besteht zum Beispiel in Togo die Vorstellung, dass der Himmel früher so tief gehangen habe, dass man ihn mit der Hand berühren konnte. Nach den Mahlzeiten habe man sich die Hände daran abgewischt.

Der Zusammenhang von Kindervorstellungen und Mythologie kann auch bei der Interpretation der Mondphasen gezeigt werden. Zehnjährige Kinder denken sich den Mond etwa als Schüssel, die außen leuchtet und sich dreht. Genauso haben sich bereits die Chaldäer um 300 vor Christi Geburt die Erscheinung erklärt (16).

Die Verwandtschaft zwischen der Ontogenese in unserem Denken und der Phylogenese in unserer Kulturgeschichte leuchtet dann ein, wenn man beachtet, dass ein Kind sein Weltverständnis konstruieren muss und dabei von elementaren menschlichen Handlungen ausgeht, die sich bestimmten Problemen gegenübersehen und sie in den Griff bekommen. Auch wissenschaftliche Theorien unterliegen solchen Prozessen. Wenn wir sie richtig erfassen, beschreiben wir die Geschichte, zum Beispiel der Biologie, wie sie wirklich gewesen ist. Einen Versuch ist es auf jeden Fall wert.

Literatur

1 P. Sloterdijk (1983), *Die Kritik der zynischen Vernunft*, Frankfurt; St. Toulmin (1978), *Kritik der kollektiven Vernunft*, Frankfurt

2 H. Lenk (1987), *Kritik der kleinen Vernunft*, Frankfurt

3 G. Vollmer (1985), *Was können wir wissen?*, Stuttgart; ebenfalls von G. Vollmer (1981), *Evolutionäre Erkenntnislehre* (2. Auflage), Stuttgart

4 E. P. Fischer (1987), *Eine verschränkte Welt*, Mannheimer Forum 87/88; S. 61–104

5 M. Delbrück (1986), *Wahrheit und Wirklichkeit*, Hamburg

6 I. Prigogine und I. Stengers (1981), *Dialog mit der Natur*, München

7 E. P. Fischer (1988), *Kein Leben ohne Schwankungen*, Aus Forschung und Medizin 1/88

8 E. P. Fischer (1988), *Das Atom der Biologen*, München

9 A. Eddington, *Philosophie der Naturwissenschaft*, Wien (deutsche Übersetzung der englischen Ausgabe von 1939, Cambridge University Press)

10 L. Mecacci (1984), *Das einzigartige Gehirn*, Frankfurt

11 J. Hadamard (1945), *The Psychology of Mathematical Invention*, Princeton

12 E. P. Fischer (1985), *Die Welt im Kopf*, Konstanz

13 A. Gierer (1986), *Die Physik, das Leben und die Seele*, München

14 D. E. Zimmer (1986), *Tiefenschwindel*, Reinbek

15 E. Pöppel (1987), *Grenzen des Bewusstseins*, München

16 F. Kubli (1983), *Kosmosvorstellungen als Indikatoren für kindliche Denkprozesse*, physica didactica 10, 131–152, und F. Kubli (1986). *Der Kosmos im Kopf*, Aus Forschung und Medizin 1/86, S.39–44

17 L. Krüger (1987), *Der Streit um das angeborene Wissen*, in: »Erbe und Umwelt«, hrsg. von C. Niemitz, Frankfurt, S. 10–29

18 E. P. Fischer (1988), *Gene sind anders*, Hamburg

19 F. Nietzsche (1988), *Wie man wird, was man ist*, Frankfurt

Eine kleine Nachbemerkung

Die Kritik des gesunden Menschenverstandes hat ihre Konsequenzen. Eine besteht darin, dass es schwierig ist, die Ergebnisse der naturwissenschaftlichen Forschung zu verstehen. Dies sollte man zum Anlass nehmen, ernsthafter über ihre Inhalte und Einsichten nachzudenken. Aber unsere Gesellschaft hat beschlossen, dies nicht zu tun. Stattdessen beschwert sie sich über die Schwierigkeiten und verlangt möglichst einfache und anschauliche Erklärungen. Das Wort von der Bringschuld der Wissenschaft macht dann auch schnell von höchster Stelle aus die Runde.

Natürlich muss Wissenschaft jargonfrei beschrieben werden, aber beliebig leicht werden ihre Inhalte dadurch auch nicht. Auf derselben dummen Linie liegen die Forderungen an Chemie und Physik, auftauchende Schwierigkeiten – zum Beispiel den Energiemangel – rasch und einfach zu beseitigen. Und es hat auch schon Vorwürfe gegeben, warum es denn so lange dauert, bis das AIDS-Problem aus der Welt geschafft ist. Wer so fragt und fordert, hat nichts von der Komplexität verstanden, die ihn umgibt. Für ihn läuft alles gradlinig und monokausal ab. Eine Wirkung muss eine Ursache haben und je schneller die gefunden ist, desto besser. Die Wirkung ist zum Beispiel die gefährdete Umwelt und da kommt doch die Chemie als Verursacher in Frage, und fertig ist die Sache. Was folgt, kennen wir heute alle. Die Wissenschaft wird verachtet und der Ruf nach der guten alten Zeit wird laut. Bevor der allerdings zu laut wird, sollte noch an die wichtigste Folgerung gedacht werden, die der Blick auf den gesunden Menschenverstand nahe legt.

Wir können bekanntlich nicht mit Rückkopplungen umgehen und dies hat zur Konsequenz, dass wir offenbar zu dumm sind, die Folgen unserer Handlungen zu verstehen. Unser Kopf hat sich im Verlauf der Evolution herausgebildet als das, was ein Einzelner tat und was keinerlei Rückwirkung auf sein Leben hatte. Jeder konnte linear und ohne jeden Rückbezug vorgehen. Es gab nur wenig Menschen und die Natur war weit offen und aufnahmebereit. Es gab keine Rückmeldung. Heute aber gibt es viele Menschen und die Natur schlägt zurück, sie zwingt uns, diese bislang übersehene Rückkopplung unseres Handelns zur Kenntnis zu nehmen. Wir müssen unsere Vernetzung mit der Welt besser zur Kenntnis nehmen als die Newtonschen Gesetze, die uns schon schwer fallen, obwohl sie noch einfach sind. Das heißt, wir müssen dies nur tun, wenn wir das alte Ziel beibehalten, möglichst vielen Menschen ein möglichst schmerzfreies Leben ohne materielle Not und Hunger – kurz, ein würdiges Leben – zu ermöglichen. Wenn wir dieses Ziel beibehalten, dann gibt es nur einen Weg, ihm nahe zu kommen, nämlich den wissenschaftlich-technischen. Wir können weder nichts tun noch uns auf den gesunden Menschenverstand verlassen. Wir haben nur die Möglichkeiten, die die Wissenschaft uns bietet. Wir brauchen nicht weniger Rationalität, wie heute allzu leicht gefordert wird – Stichwort New Age –, wir brauchen mehr und eine kritischer agierende Rationalität.

Es ist heute modisch, auf die Wissenschaftler zu schimpfen und ihnen vorzuwerfen, nur noch gierig statt neugierig zu sein. Dabei feiern vor allem diejenigen große verbale Feste, die noch nie subtile Aspekte etwa der Quantenphysik oder der Molekulargenetik verstanden haben. Und sie machen einen Fehler, der folgenschwerer als das augenblickliche Ozonloch oder die derzeitige Wasserverschmutzung sein kann. Sie schieben die Wissenschaft als geistig nebensächlich und bestenfalls zweitrangig auf die Seite. Sie vergessen dabei, was der gesunde Menschenverstand immer übersieht, die Rückkopplung nämlich. Wer die Wissenschaft nicht als geistiges Abenteuer anerkennt und den hieran beteiligten Menschen pauschal Zwergengröße bescheinigt, der sägt den berühmten Ast ab, auf dem wir alle sitzen, und zwar schneller, als er denkt. Ohne Forschung geht es nicht besser, ohne Forschung geht nichts mehr. Wer leichtfertig auf das Unternehmen Wissenschaft eindrischt, vergisst, dass jeder, der – in altmodischer Formulierung – in einer Gesellschaft kein Heim findet, eben unheimlich wird. Und mit einer unheimlichen Wissenschaft braucht sich niemand mehr Sorgen über seine Zukunft zu machen. Es wird dann nämlich keine mehr geben, die sich lohnt. Immerhin ist die Zukunft dabei wieder vorhersagbar geworden, ganz so, wie der gesunde Menschenverstand es will.